COLLECTION FOLIO

Luigi Pirandello

Six personnages en quête d'auteur

VERSION DÉFINITIVE

Traduit de l'italien
par Michel Arnaud

SUIVI DE

La volupté
de l'honneur

Traduit par André Bouissy

Gallimard

Titre original :

SEI PERSONAGGI IN CERCA D'AUTORE
IL PIACERE DELL' ONESTÀ

Avec l'accord de l' « Amministrazione dei figli di Luigi Pirandello ».
© *Arnoldo Mondadori, 1958, pour le texte italien.*
© *Éditions Gallimard, 1977, pour la traduction française.*

Luigi Pirandello est né le 18 juin 1867 au lieu-dit Le Chaos, entre Agrigente et Port-Empédocle, pendant une épidémie de choléra. Il fait ses études à Palerme et à Rome, puis devient lecteur d'italien à Bonn. Il publie des volumes de vers. De retour à Rome, il écrit sa première pièce, *L'Étau* (1898) et son premier roman, *L'Exclue* (1901). Sa famille le marie, à la sicilienne. L'union ne sera pas heureuse. Le couple vit à Rome. Pirandello continue son œuvre de romancier et commence à écrire des nouvelles, avec l'ambition d'arriver à en faire 365. Il appelle son projet : *Nouvelles pour une année*. Il collabore aux journaux et enseigne à l'*Instituto Superiore di Magistero*. Il écrit des essais, des pièces. Il a trois enfants.

Un éboulement détruit la mine de soufre dans laquelle étaient investies la fortune de son père et la dot de sa femme. Celle-ci tombe gravement malade et finit par sombrer dans la folie. C'est dans cette sombre époque que Pirandello écrit son roman *Feu Mathias Pascal*. D'autres romans suivent, mais son activité théâtrale est encore mince. Il faut attendre 1917 pour voir apparaître son premier chef-d'œuvre : *Chacun sa vérité*. Suivent *La Volupté de l'honneur*, *C'était pour rire*, *Le Jeu des rôles*... En 1921, *Six personnages en quête d'auteur* triomphe à Milan, et bientôt dans le monde entier.

En 1924, Pirandello adhère au fascisme et rencontre Mussolini. Mais sa carrière littéraire internationale l'écarte peu à peu du régime, et ses séjours à l'étranger deviennent de plus en plus nombreux. En 1934, il reçoit le prix Nobel de littérature. Il meurt en 1936 alors qu'il travaillait à une adaptation cinématographique de *Feu Mathias Pascal*.

*Six personnages
en quête d'auteur*

PRÉFACE

Il y a bien des années (mais c'est comme si c'était d'hier) qu'une petite servante, des plus délurée et pourtant toujours neuve dans le métier, est au service de mon art.

Elle se nomme Imagination.

Quelque peu taquine et moqueuse, si elle se plaît à s'habiller de noir, nul ne pourra nier que ce ne soit souvent avec extravagance et nul ne voudra croire qu'elle fasse toujours tout sérieusement et de la même manière. Elle fourre une main dans sa poche; elle en tire un bonnet de fou; elle le met sur sa tête, ce bonnet rouge comme une crête, et s'enfuit. Aujourd'hui ici; demain là. Et elle s'amuse à amener chez moi, pour que j'en tire des nouvelles, des romans ou des pièces, les gens les plus mécontents du monde, des hommes, des femmes, des enfants, empêtrés dans des situations étranges dont ils ne savent plus comment sortir; contrariés dans leurs desseins; trompés dans leurs espoirs; bref, des gens avec qui il est souvent bien pénible d'avoir des relations.

Eh bien, Imagination, cette mienne petite servante, eut, il y a plusieurs années, la fâcheuse inspiration ou le malencontreux caprice d'amener chez moi toute une famille, dont je ne saurais dire ni où ni comment elle l'avait pêchée, mais dont, à l'en croire, j'allais pouvoir tirer le sujet d'un magnifique roman.

Je trouvai devant moi un homme de la cinquantaine, en veston noir et pantalon clair, à l'air renfrogné et aux yeux rendus hostiles par l'humiliation ; une pauvre femme en vêtements de veuve, qui d'une main tenait une fillette de quatre ans et de l'autre un garçonnet d'un peu plus de dix ans ; une jeune personne effrontée et provocante, elle aussi vêtue de noir mais avec une élégance équivoque et agressive, tout entière frémissante d'un rieur et mordant mépris pour ce barbon humilié et pour un jeune homme d'une vingtaine d'années qui se tenait à l'écart, l'air renfermé, comme s'il n'éprouvait que de l'agacement pour eux tous. Bref, ces six personnages tels qu'on les voit maintenant apparaître sur la scène, au début de la pièce. Et tantôt l'un tantôt l'autre, souvent aussi en se coupant l'un l'autre la parole, ils entreprenaient de me narrer leurs vicissitudes, de me crier leurs raisons, de me jeter au visage leurs passions indécentes, à peu près comme ils le font maintenant dans la pièce à l'infortuné Chef de troupe.

Quel auteur pourra jamais dire comment et pourquoi un personnage est né dans son imagination ? Le mystère de la création artistique est le mystère même de la naissance naturelle. Une femme, parce qu'elle aime, peut désirer devenir mère ; mais ce désir seul, si intense soit-il, ne peut suffire. Un beau jour, elle se trouvera être mère, sans savoir exactement quand cela s'est produit. De même un artiste, parce qu'il vit, accueille en lui d'innombrables germes de vie, et ne peut jamais dire comment et pourquoi, à un certain moment, l'un de ces germes vitaux s'introduit dans son imagination pour devenir lui aussi une créature vivante sur un plan de vie supérieur à la mouvante existence quotidienne.

Je peux seulement dire que, sans avoir conscience de les avoir le moins du monde cherchés, je trouvai vivants devant moi, vivants au point de pouvoir les toucher, vivants au point de les entendre respirer, ces six personnages que l'on voit maintenant sur la scène. Et ils attendaient là, chacun avec son tourment secret et tous unis par leur naissance et par l'enchevêtrement de leurs mutuelles vicissitudes, que je les fisse entrer dans le monde de l'art, en composant de leurs personnes, de leurs passions et de leurs aventures un roman, un drame ou, tout au moins, une nouvelle.

Nés vivants, ils voulaient vivre.

Or, il faut savoir qu'il ne m'a jamais suffi de représenter une figure d'homme ou de femme, si exceptionnelle et caractéristique soit-elle, pour le seul plaisir de la représenter; ou de conter une histoire particulière, gaie ou triste, pour le seul plaisir de la conter; ou de décrire un paysage pour le seul plaisir de le décrire.

Il y a des écrivains (et on en compte plus d'un) qui y trouvent ce plaisir, et, satisfaits, ils ne recherchent rien d'autre. Ce sont des écrivains de nature plus proprement historique.

Mais il y en a d'autres qui, outre ce plaisir, éprouvent un besoin spirituel plus profond, à cause duquel ils n'admettent pas de figures, d'histoires ou de paysages qui ne soient imprégnés, pour ainsi dire, d'un sens de la vie particulier et n'acquièrent de ce fait une valeur universelle. Ce sont des écrivains de nature plus proprement philosophique.

Moi, j'ai le malheur d'appartenir à ces derniers.

Je hais l'art symbolique, dans lequel la représentation perd toute spontanéité pour devenir machine, allégorie; effort vain et mal compris, car le seul fait de donner un sens allégorique à une représentation montre clairement que l'on considère déjà celle-ci comme une fable qui n'a en soi aucune vérité ni imaginaire ni réelle et qui est faite pour la démonstration d'une quelconque vérité morale. Si ce n'est de loin en loin et en vue d'une supérieure ironie (comme, par exemple, chez l'Arioste), ce besoin spirituel ne peut se satisfaire d'un tel symbolisme allégorique. Ce dernier part d'un concept, c'est même un concept qui se fait ou tente de se faire image; l'autre mode créateur cherche au contraire dans l'image, dont l'expression tout entière doit rester vivante et libre, un sens qui lui donne une valeur.

Or, j'avais beau chercher, je ne parvenais pas à découvrir ce sens chez ces six personnages. Et j'estimais en conséquence qu'il ne valait pas la peine de les faire vivre.

Je pensais en moi-même : « J'ai déjà tant affligé mes lecteurs avec des centaines et des centaines de nouvelles : pourquoi devrais-je les affliger encore avec le récit des vicissitudes de ces malheureux ? »

Et, à cette pensée, je les éloignais de moi. Ou, plutôt, je faisais tout pour les éloigner.

Mais on ne donne pas en vain la vie à un personnage.

Créatures de mon esprit, ces six personnages vivaient déjà d'une vie qui leur était propre et qui n'était plus mienne, d'une vie qu'il n'était plus en mon pouvoir de leur refuser.

C'est si vrai que, comme je persistais dans ma volonté de les chasser de mon esprit, eux, comme déjà entièrement détachés de tout support narratif, personnages d'un roman sortis par miracle des pages du livre qui les contenait, ils continuaient de vivre pour leur compte; ils choisissaient certains moments de ma journée pour se présenter de nouveau à moi dans la solitude de mon bureau, et tantôt l'un tantôt l'autre, tantôt deux à la fois, ils venaient me tenter, me proposer telle ou telle scène à représenter ou à décrire, me disant les effets qu'on pourrait en tirer, l'intérêt sans précédent que pourrait susciter certaine situation insolite, et autres choses de ce genre.

Pendant un moment je me laissais convaincre; et il

suffisait chaque fois de cette concession de ma part et que je me laisse surprendre ainsi un instant, pour qu'ils en tirent un nouveau regain de vie, un accroissement d'évidence et aussi, en conséquence, d'efficacité persuasive sur moi. Et, de la sorte, il devenait peu à peu pour moi d'autant plus difficile de me libérer d'eux une fois de plus, qu'il leur devenait plus facile de me tenter une fois de plus. Cela finit par être, pour moi, à un certain moment, une véritable obsession. Jusqu'au jour où, tout à coup, la manière d'en sortir me vint à l'idée.

« Pourquoi, me dis-je, ne représenterais-je pas ce cas, neuf entre tous, d'un auteur qui se refuse à faire vivre des personnages à lui, nés vivants de son imagination, et celui de ces personnages qui, ayant désormais la vie infuse en eux, ne se résignent pas à demeurer exclus du monde de l'art? Ils se sont déjà détachés de moi; ils vivent pour leur propre compte; ils ont acquis voix et mouvement; ils sont devenus d'eux-mêmes, dans cette lutte pour la vie qu'ils ont dû livrer contre moi, des personnages qui peuvent bouger et parler tout seuls; ils se voient déjà comme tels; ils ont appris à se défendre de moi; ils sauront aussi se défendre des autres. Eh bien, alors, soit, laissons-les aller là où ont coutume d'aller les personnages de théâtre pour avoir une vie : sur une scène. Et voyons ce qui en résultera. »

C'est ce que j'ai fait. Et il en est naturellement résulté ce qui devait en résulter : un mélange de tragique et de comique, d'imaginaire et de réaliste, dans une situation empreinte d'humorisme tout à fait neuve et on ne peut plus complexe; un drame qui par lui-même, par le truchement de ses personnages qui, respirant, parlant, se mouvant d'eux-mêmes, le portent et le souffrent en eux, veut à tout prix trouver le moyen d'être représenté; et la comédie de la vaine tentative de cette réalisation scénique improvisée. D'abord, la surprise de ces pauvres acteurs d'une troupe de théâtre, en train de répéter une pièce, de jour, sur un plateau vide de portants et de décors ; surprise et incrédulité en voyant apparaître devant eux ces six personnages qui se présentent comme tels et comme en quête d'un auteur ; puis, tout de suite après, à cause de la soudaine défaillance de la Mère voilée de noir, leur intérêt instinctif pour le drame qu'ils entrevoient en elle et dans les autres membres de cette étrange famille, drame obscur, ambigu, qui vient s'abattre si inopinément sur ce plateau vide et nullement préparé à le recevoir ; et, au fur et à mesure, la montée de cet intérêt lorsque éclatent ces passions opposées tantôt chez le Père, tantôt chez la Belle-fille, tantôt chez le Fils, tantôt chez cette pauvre Mère ; passions qui, comme je l'ai dit, tentent à tour de rôle de l'emporter l'une sur l'autre, avec une tragique fureur dévastatrice.

Et voici que ce sens universel cherché en vain aupara-vant chez ces six personnages, c'est maintenant eux qui, venus d'eux-mêmes sur cette scène, réussissent à le trouver en eux dans la frénésie du combat désespéré que chacun livre à l'autre et qu'ils livrent tous au Chef de troupe et à ces acteurs qui ne les comprennent pas.

Sans le vouloir, sans le savoir, dans le tumulte de leur âme surexcitée, chacun d'eux, pour se défendre des accusations de l'autre, exprime comme siens la vivante passion et le tourment qui, pendant tant d'années, ont été les affres de mon esprit : le leurre de la compréhension réciproque irrémédiablement fondé sur la vide abstraction des mots ; la multiple personnalité de chacun selon toutes les possibilités d'être qu'il y a en chacun de nous ; et, enfin, le tragique et immanent conflit entre la vie qui bouge continuellement et qui change, et la forme qui la fixe, immuable.

Deux, surtout, de ces personnages, le Père et la Belle-fille, parlent de cette atroce et inéluctable fixité de leur forme, dans laquelle l'un et l'autre voient exprimée pour toujours, immuablement, leur essence, laquelle signifie pour l'un châtiment et pour l'autre vengeance; et ils la défendent contre les grimaces factices et l'inconsciente versatilité des acteurs, et s'efforcent de l'imposer à ce vulgaire Chef de troupe qui voudrait la modifier et l'adapter aux prétendues exigences du théâtre.

En apparence les six personnages ne sont pas tous sur le même plan de formation, mais cela non parce qu'il y aurait parmi eux des figures de premier ou de second plan, c'est-à-dire des « protagonistes » et des « petits rôles » — ce qui constituerait une perspective élémentaire, nécessaire à toute architecture scénique ou narrative —, et non plus parce qu'ils ne seraient pas, pour le rôle qu'ils jouent, complètement formés. Ils sont tous les six au même degré de réalisation artistique et, tous les six, sur le même plan de réalité, lequel est le plan imaginaire de la pièce. Sauf que le Père, la Belle-fille et même le Fils sont réalisés en tant qu'esprit; la Mère en tant que nature; et en tant que « présences » l'Adolescent qui regarde et accomplit un geste, et la fillette qui est absolument inerte. Ce fait crée entre eux une perspective d'un nouveau genre. Inconsciemment, j'avais eu l'impression qu'il me fallait les faire apparaître, les uns plus réalisés (artistiquement), d'autres moins, d'autres encore à peine dessinés comme des éléments d'un fait à narrer ou à représenter : les plus vivants, les plus complètement créés étant le Père et la Belle-fille, qui viennent naturellement au premier plan, guident les autres et traînent après eux le poids quasi mort de ceux-ci : l'un, le Fils, réticent, et l'autre, la Mère, pareille à une victime résignée, entre ces deux petits êtres qui n'ont à peu près aucune consistance, sinon tout au plus dans leur apparence, et qui ont besoin d'être conduits par la main.

Et en effet! Chacun d'eux, en effet, devait apparaître

vraiment au stade de création auquel il était parvenu dans l'imagination de l'auteur au moment où celui-ci voulut les chasser de lui.

Si j'y repense maintenant, avoir senti cette nécessité, avoir trouvé, inconsciemment, le moyen d'y répondre grâce à une nouvelle perspective, et la manière dont j'ai obtenu celle-ci, me font l'effet de miracles. Le fait est que ma pièce a vraiment été conçue dans une illumination spontanée de mon imagination, lorsque, par une sorte de prodige, tous les éléments de l'esprit se répondent et œuvrent dans un divin accord. Nul cerveau humain travaillant à froid, quelque mal qu'il se fût donné, ne serait jamais parvenu à pénétrer et à pouvoir satisfaire toutes les nécessités de sa forme. En conséquence, les raisons que je vais énoncer pour en mettre en lumière les valeurs ne doivent pas être entendues comme des intentions préconçues par moi lorsque je m'employai à sa création et dont maintenant j'assumerais la défense, mais seulement comme des découvertes que j'ai pu faire moi-même ensuite, à tête reposée.

J'ai voulu représenter six personnages qui sont à la recherche d'un auteur. Leur drame ne parvient pas à être représenté, précisément parce que fait défaut l'auteur qu'ils cherchent; et ce qui, par contre, est représenté, c'est la comédie de cette vaine tentative qu'est la leur, avec tout ce qu'elle a de tragique du fait que ces six personnages ont été refusés.

Mais peut-on représenter un personnage en le refusant? Évidemment, pour le représenter, il faut, au contraire, l'accueillir dans son imagination et, de là, ensuite, l'exprimer. Et moi, de fait, j'ai accueilli et réalisé ces six personnages, mais je les ai accueillis et réalisés en tant que personnages refusés : en tant que personnages en quête d'un autre auteur.

Il importe maintenant de comprendre ce que j'ai refusé

d'eux; non point eux-mêmes, évidemment; mais leur drame qui, sans nul doute, les intéressait par-dessus tout, mais qui, pour les raisons déjà indiquées, ne m'intéressait nullement.

Et où est le vrai drame pour un personnage?

Pour exister, tout être imaginaire, toute créature de l'art doit avoir son drame, c'est-à-dire un drame dont elle soit un personnage et qui fasse qu'elle est un personnage. Le drame est la raison d'être du personnage; c'est sa fonction vitale : nécessaire pour qu'il existe.

De ces six personnages j'ai donc accueilli l'être, tout en refusant leur raison d'être; j'ai pris leur consistance organique en confiant à celle-ci, au lieu de sa fonction propre, une autre fonction plus complexe et dans laquelle cette fonction propre entrait tout juste comme une donnée de fait. Situation terrible et désespérée, spécialement pour ces deux personnages — le Père et la Belle-fille — qui, plus que les autres, tiennent à vivre et qui, plus que les autres, ont conscience d'être des personnages, c'est-à-dire d'avoir absolument besoin d'un drame et, par conséquent, du leur, à savoir le seul qu'ils puissent imaginer pour eux-mêmes et que pourtant ils voient refusé; situation « impossible » dont ils ont le sentiment qu'il leur faut sortir à tout prix, car c'est pour eux une question de vie ou de mort. Il est bien vrai que, comme raison d'être, comme fonction, je leur en ai donné une autre, c'est-à-dire, précisément, cette situation « impossible », le drame d'être en quête d'auteur, d'être refusés : mais que ce soit là une raison d'être, que ce soit devenu pour eux qui avaient déjà une vie propre, la vraie fonction nécessaire et suffisante pour qu'ils existent, ils ne peuvent même pas s'en douter. Si quelqu'un le leur disait, ils ne le croiraient pas; car il n'est pas possible de croire que l'unique raison d'être de notre vie peut résider tout entière dans un supplice qui nous paraît injuste et inexplicable.

Je ne puis donc concevoir sur quel fondement on m'a fait la remarque que le personnage du Père n'était pas ce qu'il aurait dû être, parce qu'il sortait de sa qualité et de sa position de personnage en empiétant parfois sur l'activité de l'auteur et en la faisant sienne. Moi qui comprends ceux qui ne me comprennent pas, je me rends compte que cette remarque vient du fait que ce personnage exprime comme siennes des affres de l'esprit que l'on sait être les miennes. Ce qui est bien naturel et ne signifie absolument rien. A part la considération que ces affres du personnage du Père découlent de causes et sont souffertes et vécues pour des raisons qui n'ont rien à voir avec le drame de mon expérience personnelle, considération qui à elle seule ôterait toute consistance à cette critique, je tiens à expliquer que c'est une chose que les affres immanentes de mon esprit, affres que je peux légitimement — à la condition qu'elles soient organiques pour un personnage — projeter dans celui-ci, c'en est une autre que l'activité de mon esprit employée à la réalisation de cette œuvre, l'activité, veux-je dire, qui réussit à donner forme au drame de ces six personnages en quête d'auteur. Si le Père participait à cette activité, s'il concourait à donner forme au drame que constitue pour les personnages le fait d'être sans auteur, alors, oui, et seulement alors, on serait justifié à dire qu'il est parfois l'auteur lui-même, et, donc, qu'il n'est pas celui qu'il devrait être. Mais ce fait d'être un « personnage en quête d'auteur », le Père le subit et ne le crée pas, il le subit comme une fatalité inexplicable et comme une situation contre laquelle il tente de toutes ses forces de se révolter et de trouver remède : c'est vraiment, donc, un « personnage en quête d'auteur » et rien de plus, même s'il exprime comme siennes les affres de mon esprit. S'il participait à l'activité de l'auteur, il s'expliquerait parfaitement cette fatalité; c'est-à-dire qu'il se verrait reçu, fût-ce en tant que personnage refusé, mais reçu néanmoins dans la matrice de l'imagination d'un poète, et il n'aurait plus de raison de rester en proie au désespoir de ne pas trouver quelqu'un qui confirme et compose sa vie de personnage : je veux dire qu'il accepterait de très bon gré la raison d'être que lui donne l'auteur et qu'il renoncerait sans regrets à la sienne propre, en envoyant promener ce Chef de troupe et ces acteurs à qui, au lieu de cela, il a eu recours comme à la seule issue.

Il y a un personnage, celui de la Mère, à qui, par contre, il n'importe nullement d'avoir une vie, si l'on considère le fait d'avoir une vie comme une fin en soi. Elle ne doute pas le moins du monde, elle, qu'elle est déjà vivante; il ne lui est jamais venu à l'idée de se demander comment et pourquoi, ni de quelle manière elle l'est. Elle n'a pas conscience, en somme, d'être un personnage : car elle n'est jamais, même pendant un seul instant, détachée de son « rôle ». Elle ne sait pas qu'elle a un « rôle ».

Ceci est, pour elle, parfaitement organique. En effet son rôle de Mère ne comporte pas en soi, dans son « naturel », de mouvements spirituels; et elle ne vit pas en tant qu'esprit : elle vit dans une continuité de sentiment qui n'a jamais de solution, et, par là, elle ne peut pas prendre conscience de sa vie, autant dire du fait qu'elle est un personnage. Mais, malgré tout cela, elle est elle aussi, à sa manière et pour des fins qui lui sont propres, en quête d'un auteur; à un certain moment, elle semble satisfaite d'avoir été amenée devant le Chef de troupe. Parce qu'elle espère aussi *avoir une vie* de lui? Non : parce qu'elle espère que le Chef de troupe va lui faire jouer avec le Fils une scène où elle mettrait une si large part de sa vie; mais c'est une scène qui n'existe pas, qui n'a jamais pu ni ne pourrait avoir lieu. Tant elle est inconsciente du fait qu'elle est un personnage, c'est-à-dire inconsciente de la vie qu'elle peut avoir, une vie tout entière fixée et déterminée, instant par instant, dans chacun de ses gestes et chacune de ses paroles.

Elle se présente sur la scène avec les autres personnages, mais sans comprendre ce que ceux-ci lui font faire. Elle se figure évidemment que ce violent désir d'avoir une vie qui s'est emparé de son mari et de sa fille, et à cause duquel elle se retrouve elle aussi sur une scène, n'est rien d'autre que l'une des incompréhensibles bizarreries de cet homme tourmenté et tourmenteur, et — chose horrible, horrible! — un nouvel et équivoque geste de défi de sa pauvre enfant dévoyée. Elle est rigoureusement passive. Les vicissitudes de sa vie et l'importance qu'elles ont prise à ses yeux, son caractère même sont des choses qui sont toutes dites par les autres et qu'elle ne contredit qu'une seule fois, parce qu'en elle l'instinct maternel s'insurge et se révolte, pour préciser qu'elle n'a nullement voulu abandonner son fils et son mari; car son fils lui a été enlevé, et son mari, c'est lui-même qui l'a contrainte à l'abandonner. Mais elle rectifie des faits établis : elle ne sait rien et ne s'explique rien.

C'est en somme une nature. Une nature fixée dans une figure de Mère.

Ce personnage m'a valu une satisfaction d'un nouveau genre, que je ne peux passer sous silence. Presque tous mes critiques, au lieu de le qualifier comme d'habitude d' « inhumain » — ce qui semble être le caractère spécifique et incorrigible de toutes mes créatures, indistinctement — ont eu la bonté de relever « avec un véritable plaisir » que finalement une figure *très humaine* était issue de mon imagination. Cet éloge, je me l'explique de la façon suivante : c'est qu'étant tout entière liée à son comportement naturel de Mère, sans possibilité de libres mouvements spirituels, c'est-à-dire étant, ou peu s'en faut, une simple masse de chair dont la vie se résume tout entière dans ses fonctions de procréation, d'allaitement, de soins et d'amour de sa progéniture, sans le moindre besoin, donc, de faire agir son cerveau, ma malheureuse Mère réalise en elle le « type humain » dans sa vérité et sa perfection. Et il en est assurément ainsi, car rien ne paraît plus superflu que l'esprit dans un organisme humain.

Mais, tout en me décernant cet éloge, les critiques ont voulu se débarrasser de la Mère, sans se préoccuper de pénétrer le noyau de valeurs poétiques que ce personnage représente dans la pièce. Figure très humaine, oui, car dénuée d'esprit, c'est-à-dire inconsciente d'être ce qu'elle est ou ne se souciant pas de se l'expliquer. Mais qu'elle ne sache pas qu'elle est un personnage n'empêche certes pas qu'elle en soit un. C'est là son drame dans ma pièce. Et l'expression la plus vive de celui-ci éclate dans le cri qu'elle lance au Chef de troupe qui lui fait remarquer que tout étant déjà advenu, il ne peut plus, en conséquence, y avoir là le motif d'une nouvelle douleur : « Non, cela a lieu maintenant et toujours! Mon supplice n'est pas une fiction, monsieur! Moi, je suis vivante et présente, toujours, à chaque instant de ce supplice qui est le mien et qui se renouvelle toujours vivant et présent. » Cela elle le *ressent*, sans en avoir conscience et, donc, comme une chose inexplicable : mais elle le ressent de façon si terrible qu'elle ne pense même pas que ce puisse être une chose qu'elle devrait s'expliquer à elle-même ou expliquer aux autres. Elle le ressent, un point c'est tout. Elle le ressent comme douleur, et cette douleur est instantanément criée. De la sorte se reflète en elle la fixité de sa vie dans une forme qui, de manière différente, tourmente le Père et la Belle-fille. Ceux-ci, esprit, et elle, nature : l'esprit se révolte contre cette forme ou essaie, comme il peut, d'en profiter; au lieu que la nature, si elle n'est excitée par les stimulations des sens, en souffre.

Le conflit immanent entre le mouvement vital et la forme est la condition inexorable non seulement de l'ordre

spirituel, mais aussi de l'ordre naturel. La vie qui, pour
être, s'est fixée dans notre forme corporelle, tue peu à
peu cette forme. La douleur de cette nature fixée, c'est
l'irréparable et continuel vieillissement de notre corps.
La douleur de la Mère est semblablement passive et
perpétuelle. Montré à travers trois visages, mis en relief
dans trois drames différents et contemporains, ce conflit
immanent trouve ainsi dans ma pièce son expression la
plus achevée. De plus, la Mère proclame aussi la valeur
particulière de la forme artistique : forme qui ne contient
pas et qui ne tue pas sa vie, et que la vie n'use pas ; c'est
dans ce cri qu'elle lance au Chef de troupe qu'elle le
proclame. Si le Père et la Belle-fille reprenaient cent mille
fois de suite leur scène, toujours, à l'endroit fixé, à
l'instant où la vie de l'œuvre d'art doit être exprimée par le
cri qu'elle pousse, ce cri retentirait toujours : inchangé et
inchangeable dans sa forme, non comme une répétition
machinale, non comme une redite imposée par des
nécessités extérieures, mais bien, chaque fois, vivant et
comme neuf, né soudain ainsi et pour toujours : embaumé
vif dans sa forme imputrescible. De même, sitôt le livre
ouvert, nous trouverons toujours Francesca, vivante, qui
confesse à Dante son doux péché ; et si cent mille fois de
suite nous relisons ce passage, cent mille fois de suite
Francesca redira les mêmes mots, ne les répétant jamais
mécaniquement, mais les disant chaque fois pour la
première fois, avec une passion si vive et si soudaine que,
chaque fois, Dante en sera bouleversé. Tout ce qui vit,
du fait qu'il vit, a une forme et par cela même doit
mourir : sauf l'œuvre d'art qui, précisément, vit à jamais,
car elle est forme.

La naissance d'une créature de l'imagination humaine,
naissance qui est le franchissement du seuil entre le néant
et l'éternité, peut aussi se produire soudainement, une
nécessité faisant pour elle office de gestation. Dans un

drame imaginé, il faut un personnage qui fasse ou dise une certaine chose nécessaire; voilà que ce personnage est né, et qu'il est exactement celui qu'il devait être. C'est ainsi que naît Mme Pace au milieu des six personnages, et on dirait un miracle ou, plutôt, un expédient sur ce plateau représenté de façon réaliste. Mais ce n'est pas un expédient. Cette naissance est réelle, ce nouveau personnage est vivant, non point parce qu'il l'était déjà, mais parce qu'il est né à point nommé, comme le comporte précisément sa nature de personnage, pour ainsi dire, « obligé ». Il s'est produit en conséquence une cassure, un brusque changement du plan de réalité de la scène, car un personnage ne peut naître ainsi que dans l'imagination du poète et certainement pas sur les planches d'un plateau de théâtre. Sans que nul s'en soit aperçu, j'ai tout d'un coup changé le décor : je l'ai, à ce moment-là, accueilli de nouveau dans mon imagination, tout en ne l'ôtant pas de la vue des spectateurs : c'est-à-dire qu'à la place de ce plateau, j'ai montré à ceux-ci mon imagination en train de créer, sous les espèces de ce même plateau. Le passage soudain et incontrôlable d'une apparence d'un plan de réalité à un autre est un miracle du genre de ceux accomplis par le Saint qui fait bouger sa statue, laquelle à ce moment-là n'est certainement plus de bois ni de pierre : mais ce n'est pas un miracle arbitraire. Ce plateau de théâtre, ne serait-ce que parce qu'il accueille la réalité imaginaire des six personnages, n'existe pas en lui-même comme donnée fixe et immuable, pas plus que rien dans cette pièce n'existe d'arrêté d'avance et de préconçu : tout s'y fait, tout y bouge, tout y est tentative inopinée. Même le plan de réalité du lieu où change et change encore cette vie informe qui aspire à sa forme, même ce plan en arrive ainsi à se déplacer organiquement. Lorsque j'eus l'idée de faire naître de but en blanc Mme Pace sur ce plateau, je sentis que je pouvais le faire et je le fis; mais si j'avais senti que cette naissance déséquilibrerait et déformerait, silencieusement et comme par inadvertance, le plan de réalité de la scène, je ne l'eusse certainement pas fait, glacé que j'aurais été par son apparent illogisme. Et je me serais rendu coupable d'un fâcheux amoindrissement de la beauté de mon œuvre, faute que m'évita la chaleur de mon esprit : car, contre une fallacieuse apparence de logique, cette naissance imaginaire repose sur une véritable nécessité, laquelle est en mystérieuse et organique corrélation avec la vie tout entière de l'œuvre.

Que quelqu'un vienne me dire maintenant que celle-ci n'a pas toute la valeur qu'elle pourrait avoir parce que son expression n'est pas ordonnée mais chaotique, parce qu'elle pèche par romantisme, voilà qui me fait sourire.

Je comprends pourquoi cette observation m'a été faite. C'est parce que dans ma pièce la représentation du drame dans lequel sont impliqués les six personnages apparaît comme tumultueuse et ne procède jamais en bon ordre : il n'y a pas de développement logique, il n'y a pas d'enchaînement des événements. Rien de plus vrai. Même en cherchant minutieusement, je n'aurais pu trouver une manière plus désordonnée, plus bizarre, plus arbitraire et plus compliquée, c'est-à-dire plus romantique, de représenter « le drame dans lequel sont impliqués les six personnages ». Rien de plus vrai, mais moi, ce n'est pas du tout ce drame que j'ai voulu représenter : j'en ai représenté un autre — et je ne vais pas redire lequel! — un drame où parmi d'autres belles choses que chacun peut y trouver selon ses goûts, il y a justement une notable satire des procédés romantiques; elle réside dans mes personnages, acharnés qu'ils sont tous à l'emporter l'un sur l'autre dans les rôles que chacun d'eux a dans un certain drame, alors que moi, je les présente comme les personnages d'une autre pièce qu'ils ignorent, qu'ils ne soupçonnent même pas, si bien que leur agitation passionnée, typique des procédés romantiques, est située de manière humoristique et assise sur le vide. Et le drame de ces personnages représenté non point comme il se serait organisé dans mon imagination, s'il y avait été accueilli, mais représenté tel qu'il est, comme drame refusé, ne pouvait se traduire dans ma pièce que comme « situation » et par quelques développements, et il ne pouvait venir au jour que par allusions, tumultueusement et en désordre, en raccourcis violents, de façon chaotique : continuellement interrompu, dévié, contredit, nié même par l'un des six personnages et pas même vécu par deux autres d'entre eux.

Il y a en effet un personnage — le Fils, lequel « nie » le drame qui fait de lui un personnage — qui tire tout son relief et toute sa valeur du fait qu'il est un personnage non pas de la « pièce à faire » — il n'apparaît quasiment pas comme tel — mais un personnage de la représentation faite par moi de celle-ci. C'est en somme le seul qui vive seulement comme « personnage en quête d'auteur »; d'autant que l'auteur qu'il recherche n'est pas un auteur dramatique. Cela aussi ne pouvait être autrement; autant le comportement de ce personnage est organique dans ma conception, autant il est logique qu'il détermine dans la situation une confusion accrue, un plus grand désordre, et un autre motif de contradiction romantique.

Mais c'est précisément ce chaos organique et naturel que je devais représenter; et représenter un chaos ne signifie nullement le représenter de manière chaotique, c'est-à-dire romantique. Or, que ma représentation soit loin d'être confuse, qu'elle soit, à l'opposé, très claire, très simple et très ordonnée, c'est ce que prouve l'évidence avec laquelle, aux yeux de tous les publics du monde, apparaissent l'intrigue, les caractères, les plans imaginaires et réalistes, dramatiques et comiques de ma pièce, et pour ceux qui ont un regard plus pénétrant, la façon dont se dégagent les valeurs insolites qui y sont encloses.

Grande est la confusion des langues chez les hommes, si des critiques de ce genre peuvent trouver des mots pour s'exprimer. Confusion aussi grande qu'est parfaite l'intime loi d'ordre, qui, obéie en tout point, fait de ma pièce une œuvre à la fois classique et typique, et qui interdit toute parole à l'instant de sa catastrophe. Je veux dire lorsque devant tous, désormais convaincus qu'on ne crée pas la vie par artifice et que, faute d'un auteur qui lui confère sa valeur en esprit, le drame des six personnages ne pourra être représenté; lorsque, donc, à l'instigation du Chef de troupe en proie à l'envie triviale de savoir comment les choses se sont passées, ces choses sont rappelées par le Fils dans la succession matérielle de leurs instants, perdant par là toute signification, et donc sans même avoir besoin de la voix humaine, elles s'abattent à l'état brut, inutilement, avec la détonation sur la scène d'une arme automatique, brisant et dissipant la stérile tentative des personnages et des acteurs, sans que celle-ci ait apparemment reçu l'assistance du poète.

A l'insu de ceux-ci, et comme s'il les contemplait de loin tout le temps que dure leur tentative, le poète s'est employé, en attendant, à créer son œuvre à partir et au moyen de cette tentative.

LES PERSONNAGES
DE LA PIÈCE À FAIRE

LE PÈRE.
LA MÈRE.
LA BELLE-FILLE.
LE FILS.
L'ADOLESCENT
LA FILLETTE } *Ces deux derniers, rôles muets.*
   (Puis, évoquée :) MME PACE.

LES COMÉDIENS DE LA TROUPE

LE DIRECTEUR-CHEF DE TROUPE.
LE GRAND PREMIER RÔLE FÉMININ.
LE GRAND PREMIER RÔLE MASCULIN.
LE GRAND SECOND RÔLE FÉMININ.
L'INGÉNUE.
LE JEUNE PREMIER.
AUTRES COMÉDIENS ET COMÉDIENNES.
LE RÉGISSEUR.
LE SOUFFLEUR.
L'ACCESSOIRISTE.

LA CHEF MACHINISTE.
LE SECRÉTAIRE DU DIRECTEUR.
LE CONCIERGE DU THÉÂTRE.
PERSONNEL DE PLATEAU.

Un jour, sur la scène d'un théâtre.

N.B. — Cette pièce ne comporte ni actes ni scènes. La représentation sera interrompue une première fois sans que le rideau se baisse, quand le Directeur-chef de troupe et le chef des personnages se retireront pour établir le scénario et que les Acteurs évacueront le plateau; et elle s'interrompra une seconde fois lorsque, par erreur, le Machiniste baissera le rideau.

En entrant dans la salle, les spectateurs trouveront le rideau levé et le plateau tel qu'il est de jour, sans portants ni décor, vide et dans une quasi-obscurité : cela pour qu'ils aient, dès le début, l'impression d'un spectacle non préparé.

Deux petits escaliers, l'un à droite et l'autre à gauche, font communiquer le plateau avec la salle.

D'un côté, sur le plateau, le couvercle du trou du souffleur est rangé à proximité dudit trou.

De l'autre côté, au premier plan, une table et un fauteuil dont le dossier est tourné vers le public, pour le Directeur-chef de troupe.

Deux autres tables, l'une plus grande et l'autre plus petite, avec plusieurs chaises autour d'elles, ont été placées là, également au premier plan, afin d'être disponibles, si besoin est, pour la répétition. D'autres chaises, çà et là, à droite et à gauche, pour les Acteurs, et au fond, d'un côté, un piano qui est presque caché.

Une fois éteintes les lumières de la salle, on verra entrer par la porte du plateau le Chef machiniste en salopette bleue et une sacoche suspendue à la ceinture : prenant dans un coin, à l'arrière-plan, quelques planches, il les dispose sur le devant de la scène et se met à genoux pour les clouer. Au bruit des coups de marteau, le Régisseur, entrant par la porte des loges, accourt.

LE RÉGISSEUR

Eh là! Qu'est-ce que tu fabriques?

LE CHEF MACHINISTE

Ce que je fabrique? Je cloue.

LE RÉGISSEUR

A cette heure-ci? *(Consultant sa montre :)* Il est déjà dix heures et demie. Le Patron va être là d'un instant à l'autre pour la répétition.

LE CHEF MACHINISTE

Dites donc, moi aussi, il faudrait tout de même qu'on me laisse le temps de travailler!

LE RÉGISSEUR

Tu l'auras, mais pas maintenant.

LE CHEF MACHINISTE

Quand ça?

LE RÉGISSEUR

Quand ça ne sera plus l'heure de la répétition. Allons, allons emporte-moi tout ça, que je puisse planter le décor du deuxième acte du *Jeu des rôles.*

Le Chef machiniste, soupirant et grommelant, ramasse les planches et s'en va. Cependant, par la porte du plateau commencent à arriver les Acteurs, hommes et femmes, de la Troupe, d'abord un seul, puis un autre, puis deux à la fois, ad libitum · *ils doivent* être neuf ou dix, le nombre d'acteurs censés participer aux répétitions du Jeu des rôles, *la pièce de Pirandello inscrite au tableau de service. En entrant, ils saluent le Régisseur et se saluent mutuellement, se souhaitant le bonjour. Certains d'entre eux se dirigent vers les loges; d'autres, parmi lesquels le Souffleur qui aura le manuscrit roulé sous le bras, restent sur le plateau, attendant le Directeur pour commencer à répéter, et, pour meubler cette attente, assis en cercle ou debout, ils échangent quelques mots; l'un allume une cigarette, un autre se plaint du rôle qui lui a été distribué, et un troisième lit à haute voix pour ses camarades des nouvelles contenues dans un petit journal de théâtre. Il sera bon qu'aussi bien les Actrices que les Acteurs portent des vêtements plutôt clairs et gais. A un certain moment, l'un des comédiens pourra se mettre au piano et attaquer un air de danse, et les plus jeunes Acteurs et Actrices se mettront à danser.*

LE RÉGISSEUR, *frappant dans ses mains*
pour les rappeler à l'ordre.

Allons, allons, finissez! Voici le Patron!

Les conversations et la danse s'interrompent sur-le-champ. Les Acteurs se tournent pour regarder dans la salle, par la porte de laquelle on verra entrer le Directeur-chef de troupe, qui, coiffé d'un chapeau melon, sa canne sous le bras et un gros cigare aux lèvres, parcourt l'allée entre les fauteuils et, salué par les comédiens, monte sur le plateau par l'un des petits escaliers. Le Secrétaire lui tend le courrier : quelques journaux et un manuscrit arrivé par la poste.

LE DIRECTEUR

Pas de lettres?

LE SECRÉTAIRE

Non. Tout le courrier est là.

LE DIRECTEUR, *lui tendant le manuscrit.*

Portez ça dans ma loge. (*Puis, regardant autour de lui et s'adressant au Régisseur :*) Dites donc, on n'y voit rien ici. Je vous en prie, faites donner un peu de lumière.

LE RÉGISSEUR

Tout de suite.

Il va donner des ordres en conséquence. Et, peu après, une vive lumière blanche illumine toute la partie droite du plateau, là où sont les Acteurs. Pendant ce temps, le Souffleur aura pris place dans son trou, allumé sa petite lampe et disposé le manuscrit devant lui.

LE DIRECTEUR, *frappant dans ses mains.*

Allons, allons, au travail! (*Au Régisseur :*) Tout le monde est là?

LE RÉGISSEUR

Sauf Mlle...

Il nomme le Grand Premier Rôle féminin.

LE DIRECTEUR

Comme d'habitude! (*Consultant sa montre :*) Nous avons déjà dix minutes de retard. Faites-moi le plaisir de l'inscrire au tableau de service. Ça lui apprendra à arriver à l'heure aux répétitions.

Il n'a pas terminé son admonestation que l'on entend, venue du fond de la salle, la voix du Grand Premier Rôle féminin.

LE GRAND PREMIER RÔLE FÉMININ

Non, non, je vous en prie! Me voici! Me voici!

Elle est tout entière vêtue de blanc, un époustouflant grand chapeau sur la tête et un joli petit chien dans les bras; elle parcourt rapidement l'allée entre les fauteuils et gravit en grande hâte l'un des petits escaliers.

LE DIRECTEUR

Vous avez juré de vous faire toujours attendre.

LE GRAND PREMIER RÔLE FÉMININ

Excusez-moi. J'ai cherché de tous les côtés un taxi pour être là à l'heure! Mais je vois que vous n'avez pas encore commencé. Et moi, je ne suis pas du début. *(Puis appelant le Régisseur par son prénom et lui confiant le petit chien :)* Soyez gentil, enfermez-le dans ma loge.

LE DIRECTEUR, *bougonnant.*

Et son petit chien par-dessus le marché! Comme s'il n'y avait pas déjà assez de cabots ici. *(Frappant de nouveau dans ses mains et s'adressant au Souffleur :)* Allons, allons, le deuxième acte du *Jeu des rôles*. *(S'asseyant dans son fauteuil :)* Attention, mesdames et messieurs. Qui est du début de l'acte?

Tous les Acteurs et Actrices évacuent le devant du plateau et vont s'asseoir d'un côté de celui-ci, tous à l'exception des trois comédiens qui sont du début et du Grand Premier Rôle féminin qui, ne prêtant pas attention à la question du Directeur, s'est assise devant l'une des deux tables.

LE DIRECTEUR, *à la Vedette féminine.*

Vous êtes donc de la première scène?

LE GRAND PREMIER RÔLE FÉMININ

Moi? Mais non.

LE DIRECTEUR, *agacé.*

Eh bien, alors, allez-vous-en de là, bon sang!

Le Grand Premier Rôle féminin se lève et va s'asseoir près des autres Acteurs qui sont déjà installés à l'écart.

LE DIRECTEUR, *au Souffleur.*

Allez-y, allez-y!

LE SOUFFLEUR, *lisant dans le manuscrit.*

« Chez Leone Gala. Une bizarre salle à manger-bureau. »

LE DIRECTEUR, *au Régisseur.*

Nous mettrons le salon rouge.

LE RÉGISSEUR, *notant sur une feuille de papier.*

Le salon rouge. Entendu.

LE SOUFFLEUR, *continuant de lire dans le manuscrit.*

« Une table sur laquelle le couvert est mis et un bureau avec des livres et des papiers. Étagères de livres et vitrines contenant une luxueuse vaisselle. Porte au fond ouvrant sur la chambre à coucher de Leone. Porte latérale à gauche ouvrant sur la cuisine. La porte principale est à droite. »

LE DIRECTEUR, *se levant et indiquant aux comédiens.*

Alors, notez-le bien : par là, la porte principale. Par ici, la cuisine. *(A l'Acteur qui doit interpréter le rôle de Socrate :)* Vos entrées et vos sorties par là. *(Au Régis-*

seur :) La porte à tambour, vous la mettrez au fond, avec des tentures.

Il s'assied à nouveau.

LE RÉGISSEUR, *notant.*

Entendu.

LE SOUFFLEUR, *reprenant sa lecture.*

« Scène première. Leone Gala, Guido Venanzi et Filippo, dit Socrate. » *(Au Directeur :)* Il faut aussi que je lise les indications de mise en scène?

LE DIRECTEUR

Mais oui, voyons! Je vous l'ai dit cent fois!

LE SOUFFLEUR, *reprenant sa lecture.*

« Au lever du rideau, Leone Gala, affublé d'un tablier et un bonnet de cuisinier sur la tête, est en train de battre un œuf dans un bol avec une cuiller en bois. Filippo, lui aussi en cuisinier, en bat un autre Guido Venanzi, assis, écoute. »

LE GRAND PREMIER RÔLE MASCULIN, *au Directeur.*

Je vous demande pardon, mais est-ce qu'il va vraiment falloir que je me coiffe d'un bonnet de cuisinier?

LE DIRECTEUR, *que cette observation agace.*

Bien sûr! Puisque c'est écrit là!

Du doigt il montre le manuscrit.

LE GRAND PREMIER RÔLE MASCULIN

Mais, permettez, c'est ridicule!

LE DIRECTEUR, *se fâchant tout rouge.*

« Ridicule! ridicule! » Que voulez-vous que j'y fasse si de France il ne nous arrive plus une seule bonne pièce et si

nous en sommes réduits à monter des pièces de Pirandello
— rudement calé celui qui y comprend quelque chose! —
et qui sont fabriquées tout exprès pour que ni les acteurs,
ni les critiques, ni le public n'en soient jamais contents?
*(Les Acteurs rient. Et alors, se levant et s'approchant du
Grand Premier Rôle masculin, il crie :)* Un bonnet de
cuisinier, oui, mon cher! Et vous battrez des œufs! Vous
croyez sans doute que votre rôle se réduit à battre des
œufs? Eh bien, détrompez-vous! Vous aurez aussi à
représenter la coquille des œufs que vous battez! *(Les
Acteurs recommencent à rire et échangent des commentaires
ironiques.)* Silence! Et je vous prie de m'écouter quand
j'explique quelque chose! *(S'adressant de nouveau au Grand
Premier Rôle masculin :)* Oui, mon cher, la coquille :
c'est-à-dire la forme vide de la raison, lorsque l'instinct
qui est aveugle ne l'emplit pas! Vous, vous êtes la raison,
et votre femme, l'instinct : cela dans un jeu où, les rôles
étant distribués, vous qui interprétez le vôtre êtes inten-
tionnellement le pantin de vous-même. Vous avez compris?

LE GRAND PREMIER RÔLE MASCULIN, *ouvrant les bras.*

Moi? Non!

LE DIRECTEUR, *retournant à sa place.*

Eh bien, moi non plus! Travaillons, et quant à la fin,
vous m'en direz des nouvelles! *(Sur un ton de confidence :)*
Je vous en prie, placez-vous bien de trois quarts, sinon,
entre les obscurités du dialogue et vous que le public
n'entendrait pas, ce serait la fin de tout! *(Frappant de
nouveau dans ses mains :)* Attention, attention! On commence!

LE SOUFFLEUR

S'il vous plaît, Patron, vous permettez que je m'abrite
avec le couvercle? Il y a un de ces courants d'air!

LE DIRECTEUR

Mais oui, faites, faites !

Pendant ce temps, le Concierge du théâtre est entré dans la salle, sa casquette galonnée sur la tête, et, parcourant l'allée entre les fauteuils, il s'est approché du plateau pour annoncer au Directeur-chef de troupe l'arrivée des Six Personnages, lesquels, entrés eux aussi dans la salle, l'ont suivi à une certaine distance, regardant autour d'eux, légèrement affolés et perplexes.

Celui qui voudrait tenter une traduction scénique de cette pièce devrait s'employer par tous les moyens à obtenir surtout comme effet que ces Six Personnages ne se confondent pas avec les Acteurs de la Troupe. Les places des uns et des autres, données dans les indications de mise en scène, quand ils monteront sur le plateau, serviront sans aucun doute à cette fin, de même qu'un éclairage de couleur différente grâce à des projecteurs appropriés. Mais le moyen le plus efficace et le plus idoine, que l'on suggère ici, serait l'utilisation de masques spéciaux pour les Personnages : des masques faits exprès d'une matière que la transpiration ne ramollisse pas et tels, malgré cela, qu'ils ne gênent pas les Acteurs qui devront les porter ; des masques travaillés et découpés de manière à laisser libres les yeux, les narines et la bouche. On pourra rendre ainsi jusqu'au sens profond de cette pièce. Effectivement, les Personnages ne devront pas apparaître comme des fantômes, mais comme des réalités créées, d'immuables constructions de l'imagination : et, donc, plus réels et plus consistants que le naturel changeant des Acteurs. Ces masques contribueront à donner l'impression de visages créés par l'art et figés immuablement chacun dans l'expression de son sentiment fondamental

qui est le remords *pour le Père, la* vengeance *pour la
Belle-fille, le* mépris *pour le Fils, et, pour la Mère, la*
douleur, *avec des larmes de cire fixées dans le bleu des
orbites et le long des joues comme on en voit sur les
images sculptées et peintes de la* Mater dolorosa *des
églises. Et il faudrait aussi que leurs vêtements soient
d'une étoffe et d'une coupe spéciales, sans extravagance, avec des plis rigides et comme une consistance
massive de statue : bref, que ces vêtements ne donnent
pas l'impression d'être d'une étoffe que l'on pourrait
acheter dans n'importe quel magasin de la ville et
d'avoir été taillés et cousus dans n'importe quelle
maison de couture.*

*Le Père doit avoir la cinquantaine : les tempes
dégarnies, mais non pas chauve, le poil roux, avec
d'épaisses petites moustaches s'enroulant presque autour
d'une bouche encore fraîche, laquelle s'ouvre souvent
pour un sourire hésitant et futile. Pâle, notamment en
ce qui concerne son large front ; des yeux bleus, ovales,
très brillants et vifs ; il portera un pantalon de couleur
claire et un veston de couleur foncée ; parfois il sera
mielleux et parfois il aura des éclats âpres et durs.*

*La Mère doit être comme atterrée et écrasée par un
intolérable poids de honte et d'humiliation. Un épais
crêpe de veuve la voilera, et elle doit être pauvrement
vêtue de noir ; quand elle soulèvera son voile, elle
laissera voir un visage non point maladif, mais comme
fait de cire, et elle tiendra toujours les yeux baissés.*

*La Belle-fille, dix-huit ans, sera effrontée, presque
impudente. Très belle, elle sera, elle aussi, en deuil,
mais avec une élégance un peu voyante. Elle manifes-
tera de l'agacement pour l'air timide, affligé et comme
égaré de son jeune frère, un morne Adolescent de
quatorze ans, vêtu de noir lui aussi, et, par contre, une
vive tendresse pour sa petite sœur, une Fillette*

d'environ quatre ans, vêtue de blanc avec une ceinture de soie noire.

Le Fils, vingt-deux ans, grand, comme raidi dans une attitude de mépris contenu pour le Père et d'indifférence renfrognée pour la Mère, portera un manteau violet et une longue écharpe verte autour du cou.

LE CONCIERGE, *sa casquette à la main.*

Je vous demande pardon, monsieur le Directeur.

LE DIRECTEUR, *vivement, rogue.*

Qu'est-ce qu'il y a encore?

LE CONCIERGE, *timidement.*

C'est ces messieurs dames qui vous demandent.

Du plateau, le Directeur et les Acteurs se tournent, étonnés, pour regarder dans la salle.

LE DIRECTEUR, *de nouveau furieux.*

Mais je suis en pleine répétition! Et vous savez bien que pendant les répétitions personne ne doit entrer! *(Vers le fond de la salle :)* Qui êtes-vous? Qu'est-ce que vous voulez?

LE PÈRE, *s'avançant, suivi des autres, jusqu'à l'un des petits escaliers.*

Nous sommes à la recherche d'un auteur

LE DIRECTEUR, *mi-abasourdi, mi-furieux.*

D'un auteur? Quel auteur?

LE PÈRE

N'importe lequel, monsieur.

LE DIRECTEUR

Mais il n'y a pas le moindre auteur ici, car nous n'avons pas la moindre pièce nouvelle en répétition.

LA BELLE-FILLE, *avec une vivacité gaie,*
gravissant rapidement le petit escalier.

Alors, tant mieux, monsieur, tant mieux! Nous allons pouvoir être votre pièce nouvelle.

L'UN DES ACTEURS, *au milieu des commentaires animés*
et des rires des autres.

Non mais, vous entendez ça!

LE PÈRE, *rejoignant la Belle-Fille sur le plateau.*

Oui, mais s'il n'y a pas d'auteur ici!... *(Au Directeur :)* A moins que vous ne vouliez l'être vous-même...

La Mère, tenant la Fillette par la main, et l'Adolescent gravissent les premières marches du petit escalier. Le Fils reste en bas, renfrogné.

LE DIRECTEUR, *au Père et à la Belle-fille.*

C'est une plaisanterie?

LE PÈRE

Non, monsieur, que dites-vous là! Bien loin de plaisanter, nous vous apportons un drame douloureux.

LA BELLE-FILLE

Et nous pouvons faire votre fortune!

LE DIRECTEUR

Voulez-vous me faire le plaisir de vous en aller : nous n'avons pas de temps à perdre avec des fous!

LE PÈRE, *blessé mais mielleux.*

Oh, monsieur, vous savez bien que la vie est pleine d'innombrables absurdités qui poussent l'impudence jusqu'à n'avoir même pas besoin de paraître vraisemblables : parce qu'elles sont vraies.

LE DIRECTEUR

Que diable racontez-vous là ?

LE PÈRE

Je veux dire que ce que l'on peut réellement estimer une folie, c'est quand on s'efforce de faire le contraire ; c'est-à-dire d'en créer de vraisemblables afin qu'elles paraissent vraies. Mais permettez-moi de vous faire observer que, si c'est là de la folie, c'est pourtant l'unique raison d'être de votre métier.

Les Acteurs s'agitent, indignés.

LE DIRECTEUR, *se levant et le toisant.*

Ah, vraiment ? Vous trouvez que notre métier est un métier de fous ?

LE PÈRE

Oh, quoi ! faire paraître vrai ce qui ne l'est pas ; et cela sans nécessité, monsieur : par jeu... Est-ce que votre fonction n'est pas de donner vie sur la scène à des personnages imaginaires ?

LE DIRECTEUR, *vivement, se faisant l'interprète de l'indignation grandissante de ses Acteurs.*

Mais moi, cher monsieur, je vous serais obligé de croire que la profession de comédien est une très noble profession ! Si, au jour d'aujourd'hui, messieurs les nouveaux auteurs dramatiques ne nous donnent à porter à la scène que des pièces stupides et des pantins au lieu d'êtres

humains, sachez que c'est notre fierté d'avoir donné vie —
ici, sur ces planches — à des œuvres immortelles!

> *Les Acteurs, satisfaits, approuvent et applaudissent*
> *leur Directeur.*

LE PÈRE, *interrompant ces manifestations*
et enchaînant fougueusement.

Mais oui! parfaitement! à des êtres vivants, plus vivants
que ceux qui respirent et qui ont des habits sur le dos!
Moins réels peut-être, mais plus vrais! Nous sommes tout
à fait du même avis!

> *Les Acteurs, abasourdis, échangent des regards.*

LE DIRECTEUR

Comment, comment? Quand vous venez de dire à
l'instant...

LE PÈRE

Non, monsieur, permettez, je disais ça pour vous qui
nous avez crié que vous n'aviez pas de temps à perdre avec
des fous, alors que personne mieux que vous ne peut
savoir que la nature se sert comme outil de l'imagination
humaine pour continuer, sur un plan plus élevé, son
œuvre de création.

LE DIRECTEUR

D'accord, d'accord. Mais où voulez-vous en venir par
là?

LE PÈRE

A rien, monsieur. Qu'à vous démontrer qu'on peut
naître à la vie de tant de manières, sous tant de formes :
arbre ou rocher, eau ou papillon... ou encore femme. Et
que l'on peut aussi naître personnage!

LE DIRECTEUR, *avec une feinte et ironique stupeur.*

Et vous, ainsi que ces personnes qui vous entourent, seriez nés personnages?

LE PÈRE

Précisément, monsieur. Et comme on peut le voir, bien vivants.

Le Directeur et les Acteurs éclatent de rire, comme à une bonne plaisanterie.

LE PÈRE, *blessé.*

Je suis navré de vous entendre rire ainsi, car, je vous le répète, nous portons en nous un drame douloureux, comme vous pouvez tous le déduire de la vue de cette femme voilée de noir.

En disant cela, il tend la main à la Mère pour l'aider à gravir les dernières marches, et, la tenant toujours par la main, il la conduit avec une certaine solennité tragique de l'autre côté du plateau qu'une lumière iréelle illuminera aussitôt. La Fillette et l'Adolescent suivent la Mère; puis c'est le tour du Fils qui se tiendra à l'écart, à l'arrière-plan; enfin celui de la Belle-fille qui restera elle aussi à l'écart, sur le devant du plateau, appuyée au cadre de scène. Les Acteurs, d'abord stupéfaits, puis pleins d'admiration pour la manière dont évoluent les Personnages, se mettent à applaudir comme devant un spectacle donné pour eux.

LE DIRECTEUR, *d'abord abasourdi, puis indigné.*

Non, mais! Silence, je vous prie! *(Puis, aux Personnages :)* Quant à vous autres, allez-vous-en! Débarrassez le plancher! *(Au Régisseur :)* Bon Dieu! qu'est-ce que vous attendez pour faire évacuer le plateau?

LE RÉGISSEUR, *s'avançant mais, ensuite,*
s'arrêtant comme retenu par une bizarre frayeur.

Allez-vous-en! Allez-vous-en!

LE PÈRE, *au Directeur.*

Mais non, écoutez, nous...

LE DIRECTEUR, *criant.*

Mais à la fin, nous sommes là pour travailler, nous
autres!

LE GRAND PREMIER RÔLE MASCULIN

Il n'est pas permis de se livrer à de telles plaisanteries...

LE PÈRE, *avec décision, s'avançant.*

Moi, votre incrédulité me stupéfie! Est-ce que vous
n'êtes pas habitués, mesdames et messieurs, à voir surgir
vivants sur ce plateau, l'un en face de l'autre, les
personnages créés par un auteur? Mais c'est peut-être
parce qu'il n'y a pas là *(il montre le trou du Souffleur)* un
manuscrit qui nous contienne?

LA BELLE-FILLE, *s'avançant vers le Directeur,*
souriante, enjôleuse.

Vous pouvez me croire, monsieur, nous sommes vraiment six personnages des plus intéressants! Encore que
perdus.

LE PÈRE, *l'écartant.*

Oui, perdus, c'est le mot! *(Au Directeur, vivement :)*
Perdus, voyez-vous, en ce sens que l'auteur, qui nous a
créés vivants, n'a pas voulu ensuite ou n'a pas pu
matériellement nous mettre au monde de l'art. Et ç'a été
un vrai crime, monsieur, parce que lorsque quelqu'un a la
chance d'être né personnage vivant, ce quelqu'un peut se

moquer même de la mort. Il ne mourra jamais! L'homme,
l'écrivain, instrument de sa création, mourra, mais sa
créature ne mourra jamais! Et pour vivre éternellement,
elle n'a même pas besoin de dons extraordinaires ou
d'accomplir des miracles. Qui était Sancho Pança? Qui
était don Abbondio? Et pourtant ils vivront éternellement,
parce que — germes vivants — ils ont eu la chance de
trouver une matrice féconde, une imagination qui a su les
élever et les nourrir, les faire vivre pour l'éternité!

LE DIRECTEUR

Tout cela est très joli! Mais qu'est-ce que vous voulez
exactement?

LE PÈRE

Nous voulons vivre, monsieur!

LE DIRECTEUR, *ironique.*

Pour l'éternité?

LE PÈRE

Non, monsieur : pendant un moment au moins, en eux.

UN ACTEUR

Eh bien, celle-là!

LE GRAND PREMIER RÔLE FÉMININ

Ils veulent vivre en nous!

LE JEUNE PREMIER, *montrant la Belle-fille.*

Oh, quant à moi, volontiers, si celle-là m'était distri-
buée!

LE PÈRE

Comprenez-le bien : la pièce est à faire; *(au Directeur :)*

mais si vous le voulez et vos acteurs aussi, on pourrait la faire sur-le-champ, de concert!

LE DIRECTEUR, *agacé.*

De concert! De concert! Sur cette scène, on ne donne pas ce genre de concerts! Sur cette scène, on joue des drames et des comédies!

LE PÈRE

Bien sûr! C'est précisément pour cela que nous sommes venus vous trouver!

LE DIRECTEUR

Où est votre manuscrit?

LE PÈRE

Il est en nous, monsieur. *(Les Acteurs rient.)* Le drame est en nous; c'est nous; et nous sommes impatients de le représenter, comme nous y pousse la passion qui est en nous!

LA BELLE-FILLE, *railleuse, avec la grâce perfide*
d'une impudence appuyée.

Ma passion, ah, si vous saviez, monsieur! Ma passion... pour lui!

Elle montre le Père et fait mine de l'étreindre; mais
elle éclate ensuite d'un rire strident.

LE PÈRE, *avec une brusque colère.*

Toi, pour le moment, reste à ta place! Et je te serais reconnaissant de ne pas rire comme ça!

LA BELLE-FILLE

Non? Eh bien, alors, mesdames et messieurs, permettez-moi : bien qu'il n'y ait que deux mois à peine que je suis orpheline, je vais vous montrer comment je chante et comment je danse!

Elle se met à fredonner avec malice le premier couplet de Prends garde à Tchou-Tchin-Tchou *de Dave Stamper, dans la version fox-trot ou one-step de Francis Salabert, et, en même temps, elle esquisse un pas de danse.*

Les Chinois sont un peuple malin,
De Chang-hai à Pékin
Ils ont mis des écriteaux partout :
Prenez garde à Tchou-Tchin-Tchou!

Pendant qu'elle chante et danse, les Acteurs, principalement les plus jeunes, comme sous l'empire d'une étrange fascination, s'avancent vers elle et tendent légèrement les mains comme pour la saisir. Elle leur échappe et quand les Acteurs se mettent à applaudir et que le Directeur se fâche, elle se retrouve comme indifférente et lointaine.

LES ACTEURS *et* LES ACTRICES, *riant et applaudissant.*

Bien! Bravo! Très bien!

LE DIRECTEUR, *furieux.*

Silence! Vous vous croyez sans doute au café-concert? *(Entraînant le Père un peu à l'écart, avec une certaine inquiétude :)* Dites-moi, elle est folle?

LE PÈRE

Folle? Mais non! Pis que cela!

LA BELLE-FILLE, *accourant sur-le-champ vers le Directeur.*

Pis que cela! Oui, pis que cela! Et comment, monsieur! Pis que cela! Écoutez-moi, je vous en prie : faites en sorte

que nous puissions le représenter tout de suite, ce drame,
car vous verrez que moi, à un certain moment — quand ce
petit ange *(elle va prendre par la main la Fillette qui est près
de la Mère et l'amène devant le Directeur)* ... est-elle assez
mignonne? *(La prenant dans ses bras, elle l'embrasse.)*
Chérie! ma chérie! *(Elle la repose par terre et ajoute, comme
malgré elle, émue :)* Eh bien, quand Dieu la ravira
brusquement, cette petite chérie, à cette pauvre mère, et
que ce petit imbécile *(empoignant rudement par une manche
l'Adolescent, elle le pousse en avant)* commettra la plus
grosse des sottises, en véritable idiot qu'il est *(d'une
bourrade elle le repousse vers la Mère)* — eh bien, moi, vous
me verrez alors prendre mon vol! Oui, monsieur! je
prendrai mon vol! mon vol! Et je vous assure qu'il me
tarde d'y être, oh, oui! Car, après ce qui s'est passé de très
intime entre lui et moi *(d'un horrible clin d'œil elle indique
le Père)*, je ne peux plus me voir en leur compagnie,
assistant au martyre de cette mère à cause de ce type *(elle
montre le Fils)* — regardez-le! mais regardez-le! —
indifférent, glacial, lui, parce que lui, c'est le fils légitime!
et il est plein de mépris pour moi, pour lui *(elle montre
l'Adolescent)* et pour ce petit être : parce que nous
sommes des bâtards — vous avez compris? des bâtards.
(Elle s'approche de la Mère et l'étreint.) Et cette pauvre
mère, lui, cette pauvre mère qui est pourtant notre mère
à tous les quatre, lui, il refuse de la reconnaître pour sa
mère à lui aussi — et il la regarde de haut, lui, comme
si elle n'était la mère que de nous trois, les bâtards — le
salaud!

> *Elle a dit tout cela rapidement, avec une très grande
> surexcitation, et, après avoir lancé à pleine voix le mot
> « bâtards », elle prononce à mi-voix, comme le cra-
> chant, ce mot final de « salaud ».*

LA MÈRE, *avec une douleur infinie, au Directeur.*

Monsieur, au nom de ces deux pauvres enfants, je vous supplie... *(prise de faiblesse, elle chancelle)* — oh, mon Dieu...

LE PÈRE, *accourant pour la soutenir,*
accompagné par presque tous les Acteurs
abasourdis et consternés.

Une chaise, je vous en prie, une chaise pour cette pauvre veuve!

LES ACTEURS, *accourant.*

Mais alors, c'est vrai? — Elle s'évanouit pour de bon?

LE DIRECTEUR

Allons, vite, une chaise!

L'un des Acteurs avance une chaise : les autres font cercle autour de la Mère, empressés. Celle-ci, une fois assise, essaie d'empêcher le Père de soulever le voile qui lui cache le visage.

LE PÈRE

Regardez-la, monsieur, regardez-la...

LA MÈRE

Non, non! Je t'en prie! Au nom du ciel!

LE PÈRE

Laisse qu'on te voie!

Il soulève son voile.

LA MÈRE, *se levant et portant les mains à son visage,*
avec désespoir.

Oh, monsieur, je vous supplie d'empêcher cet homme

de mettre à exécution son projet, un projet affreux pour moi!

LE DIRECTEUR, *surpris, ahuri.*

Moi, je ne comprends plus ni où on en est ni de quoi il s'agit! *(Au Père :)* Madame est votre femme?

LE PÈRE, *vivement.*

Oui, monsieur, c'est ma femme!

LE DIRECTEUR

Mais alors comment se fait-il qu'elle soit veuve, puisque vous êtes vivant?

> *Les Acteurs se soulagent de leur ahurissement en éclatant bruyamment de rire.*

LE PÈRE, *blessé, avec un âpre ressentiment, à tous.*

Ne riez pas! Je vous en prie, ne riez pas ainsi! C'est précisément là son drame, monsieur. Elle a eu un autre homme dans sa vie. Un autre homme qui devrait être ici!

LA MÈRE, *dans un cri.*

Non! Non!

LA BELLE-FILLE

Heureusement pour lui, il est mort : il y a deux mois, je vous l'ai dit. Comme vous le voyez, nous en portons encore le deuil.

LE PÈRE

Mais s'il n'est pas ici, voyez-vous, ce n'est pas parce qu'il est mort. S'il n'est pas ici, c'est parce que — regardez-la, monsieur, je vous en prie, et vous le comprendrez aussitôt! — son drame à elle n'a pas pu consister en l'amour de deux hommes pour qui, incapable de passion, elle ne pouvait rien éprouver — sinon, peut-être, un peu de reconnaissance (non pas pour moi : pour lui, pour l'autre!). Elle, ce n'est pas une vraie femme; c'est seulement une mère! Et son drame — un drame puissant, monsieur, puissant! — consiste tout entier, effectivement, en ces quatre enfants des deux hommes qu'elle a eus dans sa vie.

LA MÈRE

Que j'ai eus, moi? Tu as le front de dire que c'est moi qui les ai eus, comme si je les avais voulus? C'est lui qui l'a voulu, monsieur! C'est lui qui me l'a donné, cet autre, de force! Il m'a obligée, obligée à partir avec cet autre homme!

LA BELLE-FILLE, *vivement, indignée.*

Ce n'est pas vrai!

LA MÈRE, *abasourdie.*

Comment, ce n'est pas vrai?

LA BELLE-FILLE

Ce n'est pas vrai! Ce n'est pas vrai!

LA MÈRE

Qu'est-ce que tu peux en savoir, toi?

LA BELLE-FILLE

Ce n'est pas vrai! *(Au Directeur :)* Ne le croyez pas! Vous savez pourquoi elle dit ça? C'est à cause de celui-là! *(Elle montre le Fils.)* Parce que l'indifférence de ce fils la ronge, la torture, et qu'elle voudrait lui faire croire que, si elle l'a abandonné quand il avait deux ans, c'est parce que lui *(elle montre le Père)* l'y a obligée.

LA MÈRE, *avec force.*

Il m'y a obligée, il m'y a obligée, j'en prends Dieu à témoin! *(Au Directeur :)* Demandez-le-lui à lui *(elle montre son mari)* si ce n'est pas vrai! Faites-le dire par lui!... Elle *(elle montre sa fille)* ne peut rien savoir de cela.

LA BELLE-FILLE

Ce que je sais, c'est que tant que mon père a vécu, tu as toujours été paisible et heureuse. Nie-le, si tu peux!

LA MÈRE

Je ne le nie pas, non...

LA BELLE-FILLE

Il était toujours plein d'amour et d'attentions pour toi! *(A l'Adolescent, rageusement :)* N'est-ce pas? Dis-le! Pourquoi ne dis-tu rien, idiot!

LA MÈRE

Laisse donc ce pauvre garçon tranquille! Pourquoi veux-tu me faire passer pour une ingrate, ma fille? Je ne veux nullement offenser la mémoire de ton père! Je lui ai répondu à lui *(elle parle du Père)* que si j'avais abandonné son foyer et mon fils, ce n'est ni par ma faute ni pour mon plaisir!

LE PÈRE

C'est vrai, monsieur. C'est moi qui l'ai voulu.

Un temps.

LE GRAND PREMIER RÔLE MASCULIN, *à ses camarades.*

Quel drôle de spectacle!

LE GRAND PREMIER RÔLE FÉMININ

C'est eux qui le donnent pour nous!

LE JEUNE PREMIER

Une fois n'est pas coutume !

LE DIRECTEUR, *qui commence à être vivement intéressé.*

Chut ! Écoutons-les !

> *Et tout en disant cela, il descend dans la salle par l'un des petits escaliers, et il reste debout devant le plateau, comme pour se faire, en tant que spectateur, une idée de la scène.*

LE FILS, *sans bouger de sa place,*
froidement, lentement, ironiquement.

Mais oui, écoutez bien le bel échantillon de philosophie qui va vous être proposé maintenant ! Il va vous parler du Démon de l'Expérience.

LE PÈRE

Toi, je te l'ai dit cent fois, tu es un cynique imbécile ! *(Au Directeur qui est déjà dans la salle :)* Il se moque de moi, monsieur, à cause de cette phrase que j'ai trouvée pour m'excuser.

LE FILS, *méprisant.*

Les phrases !

LE PÈRE

Les phrases ! Oui, les phrases ! Comme si devant un fait inexplicable, devant un mal qui nous ronge, ce n'était pas un réconfort pour tout le monde que de tomber sur un mot qui ne veut rien dire mais où l'on trouve l'apaisement !

LA BELLE-FILLE

Mais oui, et où l'on trouve surtout l'apaisement de son remords.

LE PÈRE

De mon remords? Ce n'est pas vrai; ce n'est pas seulement par des mots que je l'ai apaisé en moi.

LA BELLE-FILLE

Oui, oui, avec un peu d'argent aussi, avec un peu d'argent aussi! Avec les cent lires, mesdames et messieurs, qu'il était sur le point de m'offrir en paiement!

> *Mimique d'horreur des Acteurs.*

LE FILS, *avec mépris à sa belle-sœur.*

Ce que vous dites là est abject!

LA BELLE-FILLE

Abject? Elles étaient là, ces cent lires, dans une enveloppe bleu ciel sur le guéridon d'acajou de l'arrière-boutique de Mᵐᵉ Pace. Vous savez bien, monsieur? une de ces personnes qui, sous couvert de vendre *Robes et Manteaux,* nous attirent dans leurs *ateliers,* nous autres jeunes filles pauvres de bonne famille.

LE FILS

Et elle s'est acheté le droit de nous tyranniser tous, tant que nous sommes, avec ces cent lires qu'il était sur le point de payer et que par bonheur — notez-le bien — il n'a pas eu ensuite de raison de payer.

LA BELLE-FILLE

Oh, mais, tu sais, il s'en est fallu d'un cheveu!

> *Elle éclate de rire.*

LA MÈRE, *s'insurgeant.*

Tu n'as pas honte, ma fille? Tu n'as pas honte?

LA BELLE-FILLE, *vivement.*

Honte? C'est ma vengeance! Je frémis d'impatience, monsieur, oui, d'impatience de la vivre, cette scène! Le petit salon... ici, la vitrine des manteaux; là, le divan-lit; la psyché; un paravent; et, devant la fenêtre, ce guéridon d'acajou avec l'enveloppe bleu ciel contenant les cent lires. Je la vois, cette enveloppe! Je pourrais la prendre! Mais vous autres, messieurs, il faudrait que vous vous tourniez, car je suis à peu près nue! Je ne rougis plus, parce que, maintenant, c'est lui qui rougit! *(Elle montre le Père.)* Mais je vous assure qu'à ce moment-là, il était pâle, très pâle! *(Au Directeur :)* Vous pouvez m'en croire, monsieur!

LE DIRECTEUR

Moi, je n'y comprends plus rien!

LE PÈRE

Je pense bien! Agressé de la sorte! Veuillez exiger un peu d'ordre, monsieur, et, négligeant de prêter l'oreille à l'opprobre dont, avec un tel acharnement et sans les explications nécessaires, elle voudrait me couvrir à vos yeux, permettez-moi de parler!

LA BELLE-FILLE

Non! Ce n'est pas le moment de faire de la littérature!

LE PÈRE

Mais ce n'est pas ce que je fais! je veux lui expliquer!

LA BELLE-FILLE

Mais oui, voyons! A ta façon!

Le Directeur remonte alors sur le plateau pour rétablir l'ordre.

LE PÈRE

Mais puisque le mal est là tout entier! Dans les mots! Nous avons tous en nous un monde de choses; chacun d'entre nous un monde de choses qui lui est propre! Et comment pouvons-nous nous comprendre, monsieur, si je donne aux mots que je prononce le sens et la valeur de ces choses telles qu'elles sont en moi; alors que celui qui les écoute les prend inévitablement dans le sens et avec la valeur qu'ils ont pour lui, le sens et la valeur de ce monde qu'il a en lui? On croit se comprendre; on ne se comprend jamais! Tenez, par exemple : ma pitié, toute la pitié que j'éprouve pour cette femme *(il montre la Mère)*, elle l'a prise pour la plus féroce des cruautés!

LA MÈRE

Mais puisque tu m'as chassée!

LE PÈRE

Voilà, vous l'entendez? Chassée! Elle a cru que je la chassais!

LA MÈRE

Toi, tu sais parler; moi, je ne sais pas... Mais, croyez-moi, monsieur, après m'avoir épousée... Dieu sait pourquoi (j'étais une pauvre, une humble femme...).

LE PÈRE

Mais c'est précisément à cause de cela, à cause de ton humilité que je t'ai épousée, de cette humilité que j'ai aimée en toi, croyant... *(Il s'interrompt à la vue des gestes de dénégation qu'elle fait; il ouvre les bras dans un geste de désespoir et s'adressant au Directeur :)* Non! Vous voyez? Elle dit non! Ce qui est épouvantable, monsieur, je vous assure, vraiment épouvantable, c'est sa *(il se frappe le front)* surdité, sa surdité mentale! Du cœur, oui, elle en a, pour ses enfants! Mais en ce qui concerne le cerveau, elle est sourde, monsieur, sourde, désespérément sourde!

LA BELLE-FILLE

Oui, oui, mais demandez-lui maintenant de vous dire la chance qu'a été pour nous son intelligence.

LE PÈRE

Si l'on pouvait prévoir tout le mal qui peut naître du bien que nous croyons faire!

> *A cet instant, le Grand Premier Rôle féminin, que la vue du Grand Premier Rôle masculin flirtant avec la Belle-fille a mise de très mauvaise humeur, s'avance et demande au Directeur :*

LE GRAND PREMIER RÔLE FÉMININ

Excusez-moi, mon cher Directeur, mais est-ce qu'on va finir par répéter?

LE DIRECTEUR

Mais oui, mais oui! Pour le moment, laissez-moi écouter!

LE JEUNE PREMIER

C'est une situation tellement nouvelle!

L'INGÉNUE

Et tellement intéressante!

LE GRAND PREMIER RÔLE FÉMININ

Pour ceux que ça intéresse!

> *Et elle lance un coup d'œil au Grand Premier Rôle masculin.*

LE DIRECTEUR, *au Père.*

Mais il faudrait que vous vous expliquiez clairement.

Il s'assied.

LE PÈRE

Oui, bien sûr. Voyez-vous, monsieur, j'avais avec moi un pauvre homme, mon employé, mon secrétaire, il était plein de dévouement et s'entendait en tout et pour tout avec elle *(il montre la Mère)*, en tout bien tout honneur — ne l'oublions pas! — bon et humble comme elle, l'un et l'autre incapables non seulement de faire le mal, mais même d'y penser!

LA BELLE-FILLE

C'est lui, en revanche, qui y a pensé pour eux, et qui l'a fait!

LE PÈRE

Ce n'est pas vrai! Moi, j'ai voulu faire leur bien, et le mien aussi, oui, je l'avoue! J'en étais arrivé au point, monsieur, de ne plus pouvoir leur dire un mot à l'un ou à l'autre, sans les voir aussitôt échanger un regard d'intelligence, sans voir l'un chercher aussitôt les yeux de l'autre pour demander conseil, pour savoir comment on devait prendre ce que je venais de dire, afin que je ne me mette pas en colère. Alors, vous le comprenez, il n'en fallait pas plus pour me maintenir dans une colère continuelle, un intolérable état d'exaspération!

LE DIRECTEUR

Mais alors, je vous le demande, pourquoi ne le chassiez-vous pas votre secrétaire?

LE PÈRE

Très juste! Je l'ai effectivement chassé, monsieur! Mais

j'ai vu alors cette pauvre femme errer chez moi comme une âme en peine, comme une de ces bêtes sans maître, que l'on recueille par charité.

LA MÈRE

Eh, je pense bien!

LE PÈRE, *vivement, se tournant vers elle,*
comme pour devancer ce qu'elle va dire.

Ton fils, n'est-ce pas?

LA MÈRE

Avant cela, monsieur, il m'avait arraché mon fils!

LE PÈRE

Mais non par cruauté! Pour qu'il grandisse sain et vigoureux au contact de la terre!

LA BELLE-FILLE, *montrant du doigt le Fils, ironiquement.*

Et on peut voir le résultat!

LE PÈRE, *vivement.*

Ah, c'est aussi ma faute s'il est devenu ce qu'il est? Je l'avais mis en nourrice, monsieur, à la campagne, chez une paysanne, parce que ma femme ne me semblait pas assez robuste, quoique étant de basse extraction. La même raison que celle pour laquelle je l'avais épousée. Ce sont peut-être des lubies, mais que voulez-vous? J'ai toujours eu de ces maudites aspirations à une solide santé morale! *(A ces mots, la Belle-fille éclate de nouveau d'un rire bruyant.)* Mais faites-la donc taire! C'est insupportable!

LE DIRECTEUR

Taisez-vous! Laissez-moi écouter, bon Dieu!

Sur-le-champ, à l'injonction du Directeur, la Belle-

fille se retrouve de nouveau, son rire s'interrompant brusquement, comme indifférente et lointaine. Le Directeur redescend dans la salle pour se faire une idée de la scène.

LE PÈRE

Quant à moi, j'ai bientôt été incapable de souffrir la vue de cette femme près de moi. *(Il montre la Mère.)* Mais cela, croyez-le bien, pas tellement à cause de la contrariété, de l'impression d'étouffement — je dis bien : d'étouffement — qui m'en venaient, qu'à cause de la peine — une peine poignante — que j'éprouvais pour elle.

LA MÈRE

Et il m'a mise à la porte!

LE PÈRE

Oui, monsieur, mais c'est pourvue de tout le nécessaire que je l'ai envoyée rejoindre cet homme — pour la libérer de moi!

LA MÈRE

Et se libérer lui-même!

LE PÈRE

Oui, moi aussi — je l'admets! Et il en est résulté un grand mal. Mais ce que j'ai fait, c'était dans une bonne intention... et cela plus pour elle, je le jure, que pour moi-même! *(Il croise les bras sur sa poitrine, puis, aussitôt, s'adressant à la Mère :)* Est-ce que je t'ai jamais perdue de vue, hein? est-ce que je t'ai jamais perdue de vue, jusqu'à ce qu'un beau jour, il t'emmène soudain, à mon insu, dans une autre ville, parce qu'il s'était stupidement laissé impressionner par l'intérêt que je continuais de manifester, un intérêt pur, très pur, je vous assure, monsieur, sans la moindre arrière-pensée. Je m'intéressais avec une incroyable tendresse à la nouvelle petite famille qui grandissait autour d'elle. Elle aussi *(il montre la Belle-fille)* peut en témoigner!

LA BELLE-FILLE

Et comment! J'étais toute petite, vous savez? avec des nattes dans le dos et des culottes qui dépassaient de ma robe — pas plus haute que ça! — et quand je sortais de l'école, je le trouvais devant la porte. Il venait voir si je grandissais bien...

LE PÈRE

Ce que tu dis là est perfide! Infâme!

LA BELLE-FILLE

Non, pourquoi?

LE PÈRE

Si! C'est infâme! Infâme! *(Sur-le-champ, avec agitation, au Directeur, sur un ton d'explication :)* Elle partie, monsieur *(il montre la Mère)*, ma maison me parut soudain vide. Elle était un cauchemar pour moi, mais elle me la remplissait! Une fois seul, je me suis retrouvé errant dans les pièces de ma maison comme une mouche dont on aurait arraché la tête. Et quand lui *(il montre le Fils)*, qui avait été élevé loin de chez moi, a été de retour à la maison, j'ai eu — comment dire? — j'ai eu l'impression qu'il n'était plus mon fils. Sa mère n'étant plus là pour faire la liaison entre lui et moi, il a grandi tout seul, à part, sans le moindre rapport affectif ou intellectuel avec moi. Et alors (cela va peut-être vous sembler bizarre, monsieur, mais il en est ainsi), j'ai commencé à éprouver de la curiosité, puis, peu à peu, de l'intérêt pour cette petite famille que j'avais, somme toute, fondée, et de penser à cette petite famille, cela a commencé à combler le vide que je sentais autour de moi. J'avais besoin, vraiment besoin de les savoir en paix, tout entiers occupés des soins les plus simples de la vie, heureux parce qu'en dehors et loin des complications et des tourments de mon esprit. Et pour en avoir une preuve, j'allais voir cette fillette à la sortie de son école!

LA BELLE-FILLE

Oui! Il me suivait dans la rue : il me souriait et, quand j'arrivais à la maison, il me faisait au revoir de la main — comme ça! Moi, je le regardais avec de grands yeux, farouche. Je ne savais pas qui ça pouvait être! J'en ai parlé à maman. Et elle a dû comprendre tout de suite que c'était lui. *(De la tête, la Mère fait signe que oui.)* Au début, pendant plusieurs jours, elle n'a plus voulu m'envoyer à l'école. Quand j'y suis retournée, je l'ai retrouvé à la sortie — il était d'un comique! — avec un grand paquet dans les mains. Il s'est approché de moi, il m'a caressée; et puis il a tiré de ce paquet un grand, un beau chapeau en paille d'Italie, garni d'une guirlande de petites roses de mai — pour moi!

LE DIRECTEUR, *au Père et à la Belle-fille.*

Mais tout cela, c'est du roman!

LE FILS, *méprisant.*

Mais oui, de la littérature! de la littérature!

LE PÈRE

Qu'est-ce que tu racontes avec ta littérature! C'est de la vie, monsieur! De la passion!

LE DIRECTEUR

Possible! Mais ce n'est pas du théâtre!

LE PÈRE

D'accord, monsieur! Car tout cela se passe avant. Et je ne prétends pas que cela soit porté à la scène. Comme vous pouvez le voir, en effet, elle *(il montre la Belle-fille)* n'est plus cette fillette avec des nattes dans le dos...

LA BELLE-FILLE

... et des culottes dépassant de ma robe!

LE PÈRE

Le drame se produit à présent, monsieur! Un drame neuf, complexe.

LA BELLE-FILLE, *sombre et farouche, s'avançant.*

Dès la mort de mon père...

LE PÈRE, *vivement, pour ne pas lui laisser le temps de parler.*

... la misère, monsieur! Ils reviennent ici, à mon insu. A cause de sa stupidité. *(Il montre la Mère.)* Elle sait à peine écrire, mais elle aurait pu me faire écrire par sa fille ou par ce garçon qu'ils étaient dans le besoin!

LA MÈRE

Pouvez-vous me dire, monsieur, si j'aurais pu deviner en lui tous ces beaux sentiments!

LE PÈRE

Que tu n'aies jamais deviné le moindre de mes sentiments, c'est bien là ton tort!

LA MÈRE

Après tant d'années de séparation et après tout ce qui était arrivé...

3

LE PÈRE

Et est-ce ma faute à moi, si ce brave homme vous a emmenés ainsi? *(Au Directeur :)* Du jour au lendemain, je vous le répète... parce qu'il avait trouvé ailleurs je ne sais quelle situation. Il me fut impossible de retrouver leurs traces; et alors, forcément, pendant de nombreuses années, mon intérêt pour eux diminua. Le drame éclate, monsieur, aussi imprévu que violent, à leur retour; lorsque moi, entraîné, hélas! par la misère de ma chair encore vivace, j'ai... Ah, oui, c'est bien vraiment une misère pour un homme seul qui n'a pas voulu de liens avilissants; un homme qui n'est pas encore assez vieux pour se passer des femmes et qui n'est plus assez jeune pour pouvoir facilement et sans honte aller s'en chercher une! Une misère? que dis-je? c'est une chose horrible, horrible; parce que aucune femme ne peut plus lui donner d'amour. Et quand on comprend cela, on devrait se passer d'elles... Eh oui! Chacun d'entre nous, monsieur — extérieurement, devant les autres —, se drape dans sa dignité : mais, dès qu'il est seul avec lui-même, il sait bien tout ce qui, au-dedans de lui, se passe d'inavouable. On succombe, on succombe à la tentation; pour s'en relever tout de suite après sans doute, avec une grande hâte de reconstituer, entière et solide, comme une dalle sur une tombe, cette dignité qui cache et ensevelit à nos propres yeux tout vestige et le souvenir même de notre honte. Il en est ainsi pour tous! Seul fait défaut le courage de dire certaines choses!

LA BELLE-FILLE

Parce que celui de les faire, ces choses, ils l'ont tous!

LE PÈRE

Tous! Mais en cachette! Et c'est pourquoi il faut plus de courage pour les dire! Car il suffit que quelqu'un les dise — et ça y est! — on l'affuble de la réputation de cynique. Alors que ce n'est pas vrai, monsieur : il est comme tous les autres; meilleur, meilleur même, parce qu'il n'a pas peur de projeter la lumière de l'intelligence sur le rouge de la honte qui accompagne le déchaînement bestial de l'homme, de l'homme qui ferme à tous les coups les yeux pour ne pas se voir rougir. Et la femme — oui — et la femme, au fait, comment se comporte-t-elle? Elle nous regarde, aguichante, inviteuse. On la prend dans ses bras! Et aussitôt qu'on l'étreint, elle ferme les yeux. C'est le signe de sa reddition. Le signe par lequel elle dit à l'homme : « Aveugle-toi, moi, je suis aveugle! »

LA BELLE-FILLE

Et quand elle ne les ferme plus? Quand elle n'éprouve plus le besoin de se cacher à elle-même, en fermant les yeux, le rouge de sa propre honte, et qu'au lieu de cela, elle voit avec des yeux maintenant secs et impassibles le rouge de la honte de l'homme qui, bien que sans amour, s'est aveuglé? Ah, quel dégoût, alors, quel dégoût pour toutes ces complications intellectuelles, pour toute cette philosophie qui, après avoir laissé libre cours à la bête, veut ensuite la sauver, l'excuser... Je suis incapable de l'écouter plus longtemps, monsieur! Car lorsqu'on a été contraint — comme ç'a été mon cas — de « simplifier » sa vie, d'en faire quelque chose de bestial, rejetant l'encombrant fardeau des chastes aspirations, de tous les senti-ments purs, de l'idéal, du devoir, de la pudeur et de la honte, rien ne provoque davantage la colère et la nausée que la vue de certains remords, qui ne sont que des larmes de crocodile!

LE DIRECTEUR, *au Père et à la Belle-fille.*

Venons-en au fait, venons-en au fait! Tout ça, c'est de la spéculation!

LE PÈRE

Sans doute, monsieur, sans doute! Mais un fait est comme un sac : vide, il ne tient pas debout. Pour qu'il tienne debout, il faut d'abord y faire entrer la raison et les sentiments qui l'ont déterminé. Moi, je ne pouvais pas savoir que cet homme étant mort dans une autre ville que la nôtre et eux revenus ici dans la misère, elle *(il montre la Mère)*, pour subvenir aux besoins de ses enfants, s'était mise à travailler comme couturière, et qu'elle était justement allée chercher de l'ouvrage chez cette... chez cette Mme Pace!

LA BELLE-FILLE

Une couturière de luxe, si vous voulez le savoir, mesdames et messieurs! Officiellement, elle est au service des dames de la meilleure société, mais elle a tout combiné par ailleurs pour que — sans parler des autres, des femmes pas si comme il faut — ces mêmes dames la servent à leur tour.

LA MÈRE

J'espère que vous me croirez, monsieur, si je vous dis que le soupçon ne m'a même pas effleurée que cette horrible femme me donnait du travail, parce qu'elle avait des vues sur ma fille...

LA BELLE-FILLE

Pauvre maman! Vous savez ce qu'elle faisait, monsieur, cette Mme Pace, dès que je lui rapportais son travail? Elle me faisait constater tout ce qu'elle avait gâché, en le donnant à coudre à ma mère, et elle défalquait, elle défalquait. Si bien que, vous le comprenez, c'était moi qui payais, alors que cette pauvre femme croyait se sacrifier pour moi et ces deux petits, en passant même des nuits à coudre les robes de Mme Pace!

        Gestes et exclamations indignés des Acteurs.

        LE DIRECTEUR, *vivement.*

Et c'est chez elle qu'un jour vous avez rencontré...

        LA BELLE-FILLE, *montrant le Père.*

... lui, lui, oui, monsieur! un vieux client! Vous allez voir la scène que cela donne! Une scène magnifique!

        LE PÈRE

Avec son arrivée imprévue à elle, sa mère...

        LA BELLE-FILLE, *vivement, perfidement.*

... presque à temps!...

        LE PÈRE, *criant.*

... non, à temps, à temps! Parce que, par bonheur, je la reconnais à temps! Et je les ramène tous chez moi, monsieur! Vous pouvez vous imaginer maintenant ma situation et la sienne, l'un en face de l'autre : elle, telle que vous la voyez, et moi qui ne peux plus lever les yeux sur elle!

        LA BELLE-FILLE

Très drôle, non? Mais est-ce qu'il était possible, monsieur, d'exiger de moi — « après » — que je me comporte comme une petite demoiselle modeste, bien élevée et vertueuse, d'accord avec ses satanées aspirations « à une robuste santé morale »?

        LE PÈRE

Le drame pour moi est là tout entier, monsieur : dans cette conscience que j'ai que chacun de nous — voyez-

vous — se croit « un seul », alors que c'est faux : il est
« cent », monsieur, il est « mille », selon toutes les possibilités d'être qui sont en nous : il est « un seul » avec celui-
ci, « un seul » avec celui-là — et ces « un seul » différents
au possible ! Et cela, en même temps, avec l'illusion d'être
toujours « un seul pour tout le monde », et toujours « cet
un seul » que nous croyons être dans tous nos actes. C'est
faux ! c'est faux ! Nous nous en apercevrons bien, lorsque,
dans l'un de nos actes, nous nous retrouvons soudain, par
un hasard des plus malheureux, comme accrochés et
suspendus : nous nous apercevons, veux-je dire, que nous
ne sommes pas tout entiers dans cet acte, et que ce serait
donc une atroce injustice que de nous juger d'après ce seul
acte et de nous maintenir accrochés et suspendus au pilori
pendant une existence entière, comme si celle-ci se
résumait tout entière dans cet acte ! Est-ce que vous
comprenez maintenant la perfidie de cette fille ? Elle m'a
surprise dans un lieu et dans une attitude où elle n'aurait
pas dû me voir, elle m'a vu tel que je ne pouvais pas être
pour elle ; et la réalité qu'elle voudrait m'assigner est telle
que je n'aurais jamais pu m'attendre à devoir l'assumer
envers elle, celle d'un moment fugitif et honteux de ma
vie ! C'est cela, monsieur, c'est cela dont je souffre surtout.
Et vous verrez qu'à cause de cela notre drame prendra une
très grande valeur. Mais il y a aussi la situation des autres.
La sienne...

Il montre le Fils.

LE FILS, *haussant dédaigneusement les épaules.*

Laisse-moi donc tranquille ! moi, je n'ai rien à voir dans
tout ça !

LE PÈRE

Comment, tu n'as rien à y voir ?

LE FILS

Je n'ai rien à y voir, et je ne veux rien avoir à y voir, parce que, tu le sais bien, je n'ai pas ma place parmi vous!

LA BELLE-FILLE

Des gens vulgaires, nous autres! — Et lui, la distinction personnifiée! — Mais vous pouvez constater vous-même, monsieur, que toutes les fois que je tourne les yeux vers lui pour le clouer du regard par mon mépris, lui, il baisse les siens, parce qu'il sait le mal qu'il m'a fait.

LE FILS, *la regardant à peine.*

Moi?

LA BELLE-FILLE

Toi! oui, toi! C'est à toi, mon cher, que je dois de faire le trottoir! oui, à toi! *(Gestes horrifiés des Acteurs.)* As-tu, oui ou non, empêché par ton attitude que règne dans la maison — je ne dis pas une atmosphère d'intimité — mais, du moins, ce climat d'affection qui met les hôtes à leur aise? Nous avons été les intrus qui venaient envahir le domaine de ta « légitimité »! Je voudrais vous faire assister, monsieur, à certaines de nos petites scènes en tête à tête! Il dit que j'ai tyrannisé tout le monde. Mais voyez-vous? c'est précisément à cause de son attitude que je me suis prévalue de cette raison qu'il qualifie d' « abjecte »; la raison pour laquelle je suis entrée en maîtresse chez lui avec ma mère, qui est aussi sa mère!

LE FILS, *s'avançant lentement.*

Ils ont tous beau jeu, monsieur, tous, la partie facile contre moi. Mais veuillez vous imaginer un fils qui, un beau jour, alors qu'il vit tranquillement chez lui, voit arriver comme ça une demoiselle, l'impudence personni-

fiée, qui, « les yeux pleins de défi », lui demande à voir son
père, à qui elle a à dire je ne sais quoi; et qui la voit
ensuite revenir toujours avec ce même air, accompagnée
de cette fillette, et qui, finalement, la voit traiter son père
— Dieu sait pourquoi — d'une façon très ambiguë et
« expéditive », réclamant de l'argent sur un ton qui laisse
supposer que celui-ci doit, oui, doit en donner, parce qu'il
y est absolument tenu...

LE PÈRE

... mais j'y suis effectivement tenu : c'est pour ta mère.

LE FILS

Et qu'est-ce que j'en sais, moi? Quand donc est-ce que
je l'ai vue, cette mère, moi, monsieur? Quand donc en ai-
je entendu parler? Je la vois apparaître un jour devant
moi, avec elle *(il montre la Belle-fille)*, avec ce garçon et
cette fillette; on me dit : « Oh, tu sais? c'est aussi ta
mère! » D'après son comportement *(il montre de nouveau
la Belle-fille)* je réussis à entrevoir la raison pour laquelle
ils sont arrivés à la maison comme ça, du jour au
lendemain... Ah, monsieur, ce que j'éprouve personnelle-
ment, ce que je ressens, je ne peux pas et je ne veux pas
l'exprimer. Je pourrais tout au plus le dire en confidence,
mais cela, je ne voudrais même pas le faire à moi-même.
Ce qui, vous le voyez bien, ne peut donner lieu à la
moindre action de ma part. Croyez-le, monsieur, croyez-
le, moi, je suis un personnage théâtralement non
« réalisé »; et croyez que je me sens mal, très mal en leur
compagnie! — Qu'on me fiche la paix!

LE PÈRE

Comment, comment? Permets! Puisque c'est précisément parce que tu es ainsi...

LE FILS, *avec une violente exaspération.*

... qu'est-ce que tu en sais, toi, de ce que je suis ? quand donc t'es-tu occupé de moi ?

LE PÈRE

Je l'admets ! Je l'admets ! Mais est-ce que ce n'est pas une situation, cela aussi ? Cette façon de te tenir à l'écart, si cruelle pour moi et pour ta mère qui, de retour à la maison, te voit comme pour la première fois, devenu grand, et qui ne te connaît pas, mais qui sait que tu es son fils... *(Montrant la Mère au Directeur :)* Tenez, regardez : elle pleure !

LA BELLE-FILLE, *rageusement, tapant du pied.*

Comme une idiote !

LE PÈRE, *la montrant aussitôt elle aussi au Directeur.*

Et, bien sûr, cela, elle ne peut pas le souffrir ! *(Parlant de nouveau du Fils :)* Il dit qu'il n'a rien à voir dans notre drame, alors qu'il est presque le pivot de l'action ! Regardez ce garçon qui est toujours dans les jupes de sa mère, apeuré, humilié... S'il est ainsi, c'est à cause de lui ! La situation la plus pénible est peut-être la sienne, car il se sent étranger, plus étranger que tous ; et il éprouve, le pauvre petit, un sentiment d'angoissante mortification d'être accueilli chez moi — comme ça, par charité... *(En confidence :)* C'est tout le portrait de son père ! Humble, n'ouvrant jamais la bouche...

LE DIRECTEUR

Oh, mais ça ne me va pas du tout ! Vous n'avez pas idée de la source d'embêtements que constituent les enfants sur une scène.

LE PÈRE

Oh, vous savez, lui, il ne vous embêtera pas longtemps !

Et cette fillette non plus : elle est même la première à disparaître...

LE DIRECTEUR

Ah bon! En tout cas, je vous assure que tout cela m'intéresse, je dirai même que cela m'intéresse vivement. Je sens, je sens vraiment qu'il y a là de quoi tirer un beau drame!

LA BELLE-FILLE, *tentant de se mêler à la conversation.*

Avec un personnage comme moi!

LE PÈRE, *la repoussant, anxieux qu'il est de savoir quelle décision va prendre le Directeur.*

Toi, tais-toi!

LE DIRECTEUR,
enchaînant, sans s'occuper de cette interruption.

Une situation neuve, oui...

LE PÈRE

Oh, monsieur, on ne peut plus neuve!

LE DIRECTEUR

Mais — vous savez! — il faut tout de même un fameux toupet pour venir me présenter comme ça...

LE PÈRE

Il faut que vous compreniez, monsieur : nés, comme nous le sommes, pour la scène...

LE DIRECTEUR

Vous êtes des comédiens amateurs?

LE PÈRE

Non : si je dis nés pour la scène, c'est parce que...

LE DIRECTEUR

Allons, allons, vous, au moins, vous avez certainement déjà joué la comédie !

LE PÈRE

Mais non, monsieur : ou tout au plus dans le rôle que chacun se distribue ou que les autres lui ont distribué dans la vie. Et en moi, du reste, c'est la passion même qui — comme chez tous — dès qu'on s'exalte, devient toujours, d'elle-même, un peu théâtrale...

LE DIRECTEUR

Bon, bon ! Mais vous comprendrez, cher monsieur, qu'en l'absence d'un auteur... — Si vous le voulez, je pourrais vous adresser à quelqu'un..

LE PÈRE

Mais non, voyons : soyez-le vous-même, notre auteur !

LE DIRECTEUR

Moi ? Vous n'y pensez pas !

LE PÈRE

Mais si, vous ! vous-même ! Pourquoi pas ?

LE DIRECTEUR

Parce que moi, je n'ai jamais écrit de pièce !

LE PÈRE

Eh bien, qu'est-ce qui vous empêche de le faire à présent ? Ce n'est pas tellement difficile. Il y a tant de gens qui en écrivent ! Et votre tâche est facilitée par le fait que nous sommes là, tous, bien vivants devant vous.

LE DIRECTEUR

Mais ça ne suffit pas!

LE PÈRE

Comment, ça ne suffit pas? En nous voyant vivre notre drame...

LE DIRECTEUR

Je ne dis pas le contraire! Mais il faudra toujours quelqu'un pour l'écrire!

LE PÈRE

Non, tout au plus pour le transcrire, puisque ce quelqu'un le verra se dérouler devant lui, en action, scène par scène. Il suffirait de jeter sur le papier d'abord un bref scénario et vous pourriez mettre en répétition!

LE DIRECTEUR, *tenté, remontant sur le plateau.*

Ma foi... je suis presque tenté... Oui, comme ça, par jeu... On pourrait vraiment essayer...

LE PÈRE

Mais oui, monsieur! Vous allez voir les scènes que cela va donner! Je peux vous les indiquer dès maintenant!

LE DIRECTEUR

Vous me tentez... vraiment vous me tentez. On va essayer... Venez avec moi dans ma loge. *(Aux Acteurs :)* Vous pouvez disposer un moment, mais ne vous éloignez pas trop. Soyez de nouveau là dans un quart d'heure, vingt minutes. *(Au Père :)* On va voir, on va essayer... Peut-être pourrait-il vraiment sortir de là quelque chose d'extraordinaire...

LE PÈRE

Mais sans aucun doute! Vous ne croyez pas qu'il vaudrait mieux leur demander de venir eux aussi?

Il montre les autres Personnages.

LE DIRECTEUR

Oui, qu'ils viennent, qu'ils viennent! *(Il va pour sortir, mais s'adressant de nouveau aux Acteurs :)* Je vous en prie, hein! soyez exacts. Dans un quart d'heure.

Le Directeur et les Six Personnages traversent le plateau et disparaissent. Les Acteurs, comme abasourdis, se regardent.

LE GRAND PREMIER RÔLE MASCULIN

Mais il parle sérieusement! Qu'est-ce qu'il veut faire?

LE JEUNE PREMIER

C'est bel et bien de la folie!

UN TROISIÈME ACTEUR

Il veut nous faire improviser un drame, comme ça, au pied levé?

LE JEUNE PREMIER

Oui! Comme au temps de la *commedia dell'arte...*

LE GRAND PREMIER RÔLE FÉMININ

Eh bien, s'il se figure que moi, je vais me prêter à ce genre de plaisanterie...

L'INGÉNUE

Mais moi, je ne marche pas non plus!

UN QUATRIÈME ACTEUR, *parlant des Personnages.*

Je voudrais bien savoir qui sont ces gens-là.

LE TROISIÈME ACTEUR

Qui veux-tu que ce soit! Des fous ou de mauvais plaisants!

LE JEUNE PREMIER

Et lui qui les écoute docilement!

L'INGÉNUE

La vanité! Ça le flatte de faire figure d'auteur...

LE GRAND PREMIER RÔLE MASCULIN

C'est vraiment à ne pas croire! Ah, mes amis, si le théâtre doit se réduire à ça...

UN CINQUIÈME ACTEUR

Moi, je trouve ça amusant!

LE TROISIÈME ACTEUR

Bah! Après tout, attendons de voir ce que ça va donner!

Et tout en conversant de la sorte, les Acteurs évacuent le plateau, les uns sortant par la petite porte du fond, les autres regagnant les loges.

Le rideau reste levé.

La représentation est interrompue pendant une vingtaine de minutes.

*

La sonnerie de l'entracte prévient les spectateurs que la représentation va reprendre.

Arrivant des loges et par la porte du plateau, et, venant aussi de la salle, les Acteurs, le Régisseur, le Chef machiniste, le Souffleur et l'Accessoiriste reviennent sur le plateau, et, en même temps, venant de

*la loge du Directeur, paraissent celui-ci et les Six
Personnages.*

*Une fois éteintes les lumières de la salle, l'éclairage
précédent est redonné sur le plateau.*

LE DIRECTEUR

Allons, allons, mesdames et messieurs! Tout le monde
est là? Attention, attention! On va commencer! Machiniste!

LE CHEF MACHINISTE

Présent!

LE DIRECTEUR

Plantez-moi tout de suite le décor du petit salon. Il
suffira de deux portants et d'une feuille avec une porte.
Vite, je vous prie!

*Le Chef machiniste part aussitôt en courant exécuter
cet ordre, et pendant que le Directeur se concerte avec
le Régisseur, l'Accessoiriste, le Souffleur et les Acteurs
au sujet de la représentation imminente, il va installer
le semblant de décor indiqué : deux portants et une
feuille comportant la porte demandée, feuille à rayures
roses et or.*

LE DIRECTEUR, *à l'Accessoiriste.*

Voyez un peu au magasin si on a un divan-lit.

L'ACCESSOIRISTE

On a le vert.

LA BELLE-FILLE

Vert? Non, non! Il était jaune, à fleurs, un divan en
peluche, très grand! Très confortable!

L'ACCESSOIRISTE

Un comme ça, on n'en a pas.

LE DIRECTEUR

Mais peu importe! mettez celui qu'on a.

LA BELLE-FILLE

Comment, peu importe? La fameuse méridienne de Mme Pace!

LE DIRECTEUR

Pour le moment, c'est simplement pour répéter! Je vous en prie, ne vous mêlez pas de ça! *(Au Régisseur :)* Voyez si l'on a une vitrine plutôt longue et basse.

LA BELLE-FILLE

Et le guéridon, le guéridon d'acajou pour l'enveloppe bleu ciel!

LE RÉGISSEUR, *au Directeur.*

Il y a bien le petit guéridon doré.

LE DIRECTEUR

D'accord, prenez celui-là!

LE PÈRE

Et une psyché.

LA BELLE-FILLE

Et le paravent! Un paravent! je vous en prie : sinon, comment est-ce que je ferai?

LE RÉGISSEUR

Ne vous inquiétez pas, madame : les paravents, ce n'est pas ce qui nous manque.

LE DIRECTEUR, *à la Belle-fille.*

Et aussi quelques portemanteaux, n'est-ce pas?

LA BELLE-FILLE

Oui, des tas, des tas de portemanteaux!

LE DIRECTEUR, *au Régisseur.*

Faites apporter tous ceux qu'on a.

LE RÉGISSEUR

Je m'en charge!

Il part lui aussi en courant exécuter ces ordres, et, pendant que le Directeur continue de parler avec le Souffleur, puis avec les Personnages et les Acteurs, il va faire transporter par le personnel de plateau les meubles et les accessoires indiqués et les disposera de la manière qu'il juge la meilleure.

LE DIRECTEUR, *au Souffleur.*

Vous, en attendant, prenez place. Tenez : voici le scénario, scène par scène et acte par acte. *(Il lui tend quelques feuilles de papier.)* Mais il va falloir que vous exécutiez un tour de force.

LE SOUFFLEUR

Que je prenne en sténo?

LE DIRECTEUR, *agréablement surpris.*

Oh, parfait! Vous connaissez la sténo?

LE SOUFFLEUR

Je ne souffle peut-être pas très bien, mais la sténo...

LE DIRECTEUR

Mais alors cela va de mieux en mieux! *(A un Valet de*

scène :) Allez dans ma loge chercher du papier —
beaucoup de papier — tout ce que vous trouverez!

> *Le Valet de scène sort en courant et revient peu*
> *après avec une grosse liasse de papier qu'il donne au*
> *Souffleur.*

LE DIRECTEUR, *enchaînant, au Souffleur.*

Suivez bien les scènes au fur et à mesure qu'elles se
joueront et tâchez de noter les répliques, du moins les plus
importantes! *(Puis s'adressant aux Acteurs :)* Veuillez faire
place, mesdames et messieurs! Tenez, mettez-vous par là
(il indique sa gauche) et soyez très attentifs.

LE GRAND PREMIER RÔLE FÉMININ

Mais, permettez, nous...

LE DIRECTEUR, *prévenant ce qu'elle va dire.*

Rassurez-vous, vous n'aurez pas à improviser!

LE GRAND PREMIER RÔLE MASCULIN

Qu'est-ce que nous devons faire alors?

LE DIRECTEUR

Rien! Pour le moment, vous contenter d'écouter et de
regarder! Chacun d'entre vous aura ensuite son rôle écrit.
Maintenant, tant bien que mal, on va essayer de répéter!
C'est eux qui vont répéter!

> *Il montre les Personnages.*

LE PÈRE, *comme tombant des nues,*
au milieu du brouhaha qui règne sur le plateau.

Nous? Excusez-moi, mais que voulez-vous dire par
répéter?

LE DIRECTEUR

Répéter! Une répétition, une répétition pour eux!

Il montre les Acteurs.

LE PÈRE

Mais puisque c'est nous qui sommes les personnages...

LE DIRECTEUR

« Les personnages », d'accord; mais au théâtre, cher monsieur, ce ne sont pas les personnages qui jouent la comédie. Au théâtre, ce sont les acteurs qui la jouent. Quant aux personnages, ils sont là, dans le manuscrit *(il monte le trou du Souffleur)* — lorsqu'il y en a un!

LE PÈRE

Justement! Puisqu'il n'y a pas de manuscrit et que vous avez la chance, mesdames et messieurs, de les avoir ici devant vous, vivants, ces personnages...

LE DIRECTEUR

Oh, elle est bien bonne, celle-là! Est-ce que vous voudriez tout faire tout seuls? jouer la pièce, vous présenter vous-mêmes devant le public?

LE PÈRE

Mais oui, tels que nous sommes.

LE DIRECTEUR

Eh bien, je vous assure que ça donnerait un drôle de spectacle!

LE GRAND PREMIER RÔLE MASCULIN

Et nous autres, qu'est-ce que nous ferions ici, alors?

LE DIRECTEUR

Vous n'allez tout de même pas vous imaginer que vous êtes capables de jouer la comédie! Vous êtes risibles... *(De fait, les Acteurs rient.)* Tenez, vous voyez, ils rient! *(Se souvenant :)* Mais oui, à propos! il va falloir distribuer les rôles. Oh, ce ne sera pas difficile : ils sont déjà distribués d'eux-mêmes; *(au Grand Second Rôle féminin :)* vous, madame, LA MÈRE. *(Au Père :)* Il va falloir lui trouver un nom.

LE PÈRE

Amalia, monsieur.

LE DIRECTEUR

Mais ça, c'est le nom de votre femme. Nous n'allons tout de même pas l'appeler par son vrai nom!

LE PÈRE

Et pourquoi pas, s'il vous plaît? puisqu'elle s'appelle comme ça... Mais évidemment, si c'est madame qui doit être... *(D'un petit geste de la main il indique discrètement la comédienne.)* Elle *(il montre la Mère)*, pour moi, c'est Amalia, monsieur. Mais faites comme vous voudrez... *(Se troublant de plus en plus :)* Je ne sais plus que vous dire... Je commence déjà... comment dire? je commence déjà à trouver que les mots que je prononce sonnent faux, comme s'ils n'étaient plus les miens.

LE DIRECTEUR

Quant à cela, ne vous en préoccupez pas, ne vous en préoccupez surtout pas! Ce sera à nous de trouver le ton juste! Et en ce qui concerne le nom, puisque vous tenez à « Amalia », va pour Amalia; ou bien on en trouvera un autre. Pour le moment, nous désignerons les personnages

de la façon suivante : *(au Jeune Premier :)* vous, LE FILS ;
(au Grand Premier Rôle féminin :) et vous, ma chère amie,
bien entendu, LA BELLE-FILLE.

LA BELLE-FILLE, *mise en gaieté.*

Comment, comment? Moi, celle-là?

Elle éclate de rire.

LE DIRECTEUR, *furieux.*

Qu'avez-vous à rire?

LE GRAND PREMIER RÔLE FÉMININ, *indignée.*

Personne n'a jamais osé rire de moi! J'exige que l'on me
respecte, ou je m'en vais!

LA BELLE-FILLE

Mais non, excusez-moi, ce n'est pas de vous que je ris.

LE DIRECTEUR, *à la Belle-fille.*

Vous devriez vous estimer honorée d'être interprétée
par...

LE GRAND PREMIER RÔLE FÉMININ,
très vivement, avec mépris.

... « celle-là! »

LA BELLE-FILLE

Mais je vous jure que je ne disais pas ça pour vous! Je le
disais pour moi qui ne me vois pas du tout en vous, un
point c'est tout. Comment dire? vous ne... vous ne me
ressemblez en rien!

LE PÈRE

Oui, c'est cela; c'est bien cela, monsieur! Notre
expression...

LE DIRECTEUR

... votre expression! Vous croyez l'avoir en vous, votre expression, vous autres? Absolument pas!

LE PÈRE

Comment? Nous n'avons pas en nous notre expression?

LE DIRECTEUR

Absolument pas! Sur ces planches, ce que vous avez à exprimer devient le matériau auquel donnent un corps et un visage, une voix et des gestes les acteurs, qui — soit dit pour votre gouverne — ont su donner leur expression à des choses d'une bien plus grande qualité : alors que celles que vous nous proposez sont d'un intérêt si mince que si elles réussissent à tenir la scène, le mérite, croyez-le bien, en reviendra tout entier à mes acteurs.

LE PÈRE

Je n'aurai pas le front de vous contredire, monsieur. Mais je vous assure que c'est une affreuse souffrance pour nous autres qui sommes tels que vous nous voyez, avec ce corps, avec ce visage...

LE DIRECTEUR, *l'interrompant, impatienté.*

... mais le maquillage est là pour arranger ça; oui, cher monsieur, en ce qui concerne le visage, le maquillage est là pour arranger ça!

LE PÈRE

Oui, oui; mais la voix, les gestes...

LE DIRECTEUR

... oh, à la fin! Sur une scène, vous, en tant que vous-même, vous n'avez pas votre place! Sur une scène, il y a l'acteur qui vous représente; alors, n'en parlons plus.

LE PÈRE

J'ai compris, monsieur. Mais, maintenant, je devine peut-être aussi pourquoi notre auteur qui nous a vus vivants ainsi, n'a pas voulu ensuite nous composer pour la scène. Je ne voudrais pas offenser vos acteurs. Dieu m'en garde! Mais je pense qu'en me voyant maintenant représenté... je ne sais par qui...

LE GRAND PREMIER RÔLE MASCULIN, *avec hauteur,*
se levant et venant vers lui, suivi par les jeunes Actrices
qui rient gaiement.

Par moi, ne vous en déplaise.

LE PÈRE, *humble et mielleux.*

Très honoré, monsieur. *(Il s'incline.)* Mais, voyez-vous, je pense que monsieur aura beau s'employer de toutes ses forces et avec tout son talent à m'accueillir en lui...

Il se trouble.

LE GRAND PREMIER RÔLE MASCULIN

Veuillez achever, je vous prie!

Rire des Actrices.

LE PÈRE

Eh bien, je veux dire que la représentation qu'il donnera de moi — même en s'efforçant de me ressembler grâce à son maquillage... — je veux dire qu'étant donné sa taille... *(tous les Acteurs rient)* ce pourra difficilement être une représentation de moi tel que je suis réellement. Il sera plutôt — sans parler de la silhouette — il sera plutôt tel qu'il interprétera celui que je peux être, tel qu'il sentira mon personnage — s'il le sent — et non tel que je me sens intérieurement. Et il me semble que ceux qui seront amenés à porter un jugement sur nous, devraient en tenir compte.

LE DIRECTEUR

Vous vous inquiétez des jugements de la critique à présent? Et moi qui vous écoutais encore! Mais laissez-la dire, la critique! *(S'écartant et regardant autour de lui :)* Allons, allons! Le décor est prêt? *(Aux Acteurs et aux Personnages :)* Dégagez, dégagez! Que je voie ce que ça donne! *(Il descend dans la salle.)* Ne perdons plus de temps! *(A la Belle-fille :)* Le décor vous paraît-il aller comme ça?

LA BELLE-FILLE

Oh, vous savez, moi, à la vérité, je ne m'y retrouve pas du tout!

LE DIRECTEUR

Encore? Vous n'allez tout de même pas prétendre qu'on vous bâtisse sur cette scène l'arrière-boutique de Mme Pace telle que vous la connaissez! *(Au Père :)* Vous m'avez bien dit un petit salon à fleurs?

LE PÈRE

Oui, monsieur. Blanc.

LE DIRECTEUR

Le nôtre n'est pas blanc et il est à rayures : mais peu importe! En ce qui concerne les meubles, il me semble que ça va à peu près! Le petit guéridon, un peu plus au premier plan! *(Les Valets de scène obéissent. A l'Accessoiriste :)* Vous, en attendant, trouvez-moi une enveloppe, si possible bleu ciel, et donnez-la à monsieur.

Il indique le Père.

L'ACCESSOIRISTE

Une enveloppe de lettre?

LE DIRECTEUR *et* LE PÈRE

De lettre, oui, de lettre.

L'ACCESSOIRISTE

Tout de suite!

Il sort.

LE DIRECTEUR

Allons, allons! La première scène est celle de mademoiselle. *(Le Grand Premier Rôle féminin s'avance.)* Mais non,
vous, attendez! je parlais de mademoiselle. *(Il montre la
Belle-fille.)* Vous, vous allez regarder...

LA BELLE-FILLE, *enchaînant vivement.*

... comment je vais la vivre, cette scène!

LE GRAND PREMIER RÔLE FÉMININ, *piquée.*

Mais je saurai bien la vivre, moi aussi, ne vous inquiétez
pas : il suffira que je m'y mette!

LE DIRECTEUR, *se prenant la tête à deux mains.*

Je vous en prie, mesdames et messieurs, assez bavardé
comme ça! Donc, la première scène est celle de mademoiselle avec Mme Pace. Oh! *(se troublant, il regarde autour de
lui, et remonte sur le plateau)* et cette Mme Pace?

LE PÈRE

Elle n'est pas avec nous, monsieur.

LE DIRECTEUR

Mais alors, comment va-t-on faire?

LE PÈRE

Mais elle est vivante, bien vivante elle aussi!

LE DIRECTEUR

Je veux bien! Mais où est-elle?

LE PÈRE

Attendez, laissez-moi faire. (*Aux Actrices :*) Si ces dames voulaient bien avoir l'amabilité de me prêter un instant leurs chapeaux.

LES ACTRICES, *un peu surprises,*
avec des petits rires, en chœur.

Quoi? — Nos chapeaux? — Qu'est-ce qu'il dit? — Pourquoi? — Eh bien, celle-là!

LE DIRECTEUR

Que voulez-vous faire des chapeaux de ces dames?

Les Acteurs rient.

LE PÈRE

Oh, simplement les accrocher pendant un moment à ces patères. Et il faudrait également que quelques-unes de ces dames aient l'extrême obligeance d'enlever aussi leurs manteaux.

LES ACTEURS, *même jeu que les Actrices.*

Les manteaux aussi? — Et c'est tout? — C'est sûrement un fou!

QUELQUES ACTRICES, *même jeu.*

Mais pourquoi? — Mon manteau seulement?

LE PÈRE

Pour les accrocher un petit moment... Faites-moi cette grâce. Vous voulez bien?

LES ACTRICES, *tout en continuant de rire, enlèvent leurs chapeaux et certaines d'entre elles enlèvent aussi leurs manteaux et vont les suspendre çà et là aux portemanteaux.*

Pourquoi pas, après tout? — Tenez! — Vous savez qu'il est vraiment drôle! — Il faut que nous les mettions comme pour un étalage?

LE PÈRE

Oui, madame, exactement : comme pour un étalage!

LE DIRECTEUR

Mais est-ce qu'on pourrait savoir pourquoi?

LE PÈRE

Eh bien, monsieur, parce que peut-être qu'en complétant ainsi pour elle le décor, peut-être qu'attirée par les objets mêmes de son commerce, qui sait si elle ne va pas venir nous rejoindre... *(Les invitant tous à regarder dans la direction de la porte du fond du plateau :)* Regardez! regardez!

> *La porte du fond s'ouvre et Mme Pace apparaît, s'avançant de quelques pas. C'est une énorme et grasse mégère, coiffée d'une imposante perruque de laine couleur carotte, avec, d'un côté, à l'espagnole, une rose flamboyante : elle est tout entière fardée, et vêtue avec une élégance ridicule de soie rouge criarde ; elle tient d'une main un éventail de plumes et, de l'autre, entre deux doigts, une cigarette allumée. Dès qu'elle apparaît, les Acteurs et le Directeur s'esquivent du plateau en poussant un hurlement d'épouvante, et se précipitant dans la salle par le petit escalier, ils font mine de s'enfuir par l'allée centrale. La Belle-fille, par contre, accourt vers Mme Pace, humblement, comme devant une patronne.*

LA BELLE-FILLE, *accourant.*

La voici! La voici!

LE PÈRE, *radieux.*

C'est elle! Qu'est-ce que je vous disais? La voici!

LE DIRECTEUR, *dominant sa première stupeur, indigné.*

Non mais, qu'est-ce que c'est que ces manigances?

LE GRAND PREMIER RÔLE MASCULIN,
presque en même temps.

Mais, à la fin, où sommes-nous?

LE JEUNE PREMIER, *même jeu.*

D'où est-ce qu'elle sort, celle-là?

L'INGÉNUE, *même jeu.*

Ils la tenaient en réserve!

LE GRAND PREMIER RÔLE FÉMININ, *même jeu.*

C'est un vrai tour de passe-passe!

LE PÈRE, *dominant ces protestations.*

Permettez, permettez! Pourquoi voulez-vous gâcher, au nom d'une vérité vulgaire, factuelle, ce prodige d'une réalité qui naît, évoquée, attirée, façonnée par son décor même, et qui a plus le droit de vivre ici que vous autres, parce que beaucoup plus vraie que vous autres? Quelle est parmi vous l'actrice qui jouera ensuite Mme Pace? Eh bien: Mme Pace, c'est celle que vous voyez là! Vous voudrez bien m'accorder que l'actrice qui jouera son rôle sera moins vraie qu'elle, qui est elle-même en personne! Regardez: ma fille l'a reconnue et s'est tout de suite approchée d'elle! Vous allez voir, vous allez voir cette scène!

*Hésitants, le Directeur et les Acteurs remontent sur
le plateau.*

*Mais pendant que les Acteurs protestaient et que le
Père leur répondait, la scène entre la Belle-fille et
Mme Pace a déjà commencé, à mi-voix, très bas, bref,
comme dans la vie et comme il ne serait pas possible de
le faire sur un plateau de théâtre. De sorte que, lorsque
les Acteurs, rappelés à l'ordre par le Père, se
tourneront pour regarder et qu'ils verront Mme Pace
qui aura déjà mis une main sous le menton de la Belle-
fille pour la forcer à lever la tête, l'entendant parler
d'une façon tout à fait inintelligible, ils seront très
attentifs pendant un moment, puis, peu après, déçus.*

LE DIRECTEUR

Et alors ?

LE GRAND PREMIER RÔLE MASCULIN

Qu'est-ce qu'elle dit ?

LE GRAND PREMIER RÔLE FÉMININ

Comme ça on n'entend rien !

LE JEUNE PREMIER

Plus haut ! Plus haut !

LA BELLE-FILLE,
*quittant Mme Pace qui a sur les lèvres un impayable sourire
et s'avançant vers le groupe des Acteurs.*

« Plus haut », vraiment ? Vous n'y pensez pas sérieusement ? Ce ne sont pas des choses qu'on peut dire tout
haut ! Moi, si j'ai pu les dire tout haut, c'était pour lui faire
honte *(elle montre le Père)*, car c'est ma vengeance ! Mais
pour Mme Pace, mesdames et messieurs, c'est différent :
elle risque la prison.

LE DIRECTEUR

Oh, elle est bien bonne! Ah, vraiment? Mais au théâtre, ma chère, il faut se faire entendre. Nous qui sommes sur le plateau, nous n'entendons même pas! Pensez un peu quand il y aura du public dans la salle! Il faut que vous jouiez la scène. Et du reste, vous pouvez fort bien vous parler tout haut, parce que nous autres, nous ne serons pas là comme maintenant, à vous écouter : faites comme si vous étiez seules dans une pièce de l'arrière-boutique et que personne ne puisse vous entendre. *(La Belle-fille, gentiment, souriant avec malice, aura fait plusieurs fois signe que non avec le doigt.)* Comment, non?

LA BELLE-FILLE, *à mi-voix, mystérieusement.*

Il y a quelqu'un qui nous entendra, monsieur, si elle *(elle montre Mme Pace)* parle haut!

LE DIRECTEUR, *au comble de la consternation.*

Il doit nous en débarquer encore un autre?

> Les Acteurs font de nouveau mine de s'enfuir du plateau.

LE PÈRE

Non, monsieur, non. C'est à moi qu'elle fait allusion. Moi, je dois être là-bas, derrière cette porte, attendant; et Mme Pace le sait. Et même, si vous permettez! je vais y aller tout de suite, pour être prêt à faire mon entrée.

> Il fait mine de s'éloigner.

LE DIRECTEUR, *l'arrêtant.*

Mais non, attendez! Le théâtre a des exigences qu'il faut respecter! Avant que vous fassiez votre entrée...

LA BELLE-FILLE, *l'interrompant.*

Mais si, tout de suite! qu'il la fasse tout de suite! Je

vous dis que je meurs d'envie de la vivre, de la vivre, cette scène! S'il veut qu'on commence tout de suite, moi, je le veux plus encore!

LE DIRECTEUR, *criant.*

Mais avant cela, il faut qu'ait lieu, bien claire, la scène entre vous et elle! *(Il montre Mme Pace.)* Le comprendrez-vous à la fin?

LA BELLE-FILLE

Mon Dieu, monsieur, elle vient de me dire ce que vous savez déjà: qu'une fois de plus maman a mal fait son travail, que l'étoffe est abîmée, et qu'il faut que je me résigne si je veux qu'elle continue à nous secourir dans notre misère.

MME PACE, *s'avançant, d'un air très important.*

Si, si, señor: porqué yo né veux pas aprovecharmé... avantager migo...

LE DIRECTEUR, *presque avec terreur.*

Comment, comment? C'est comme ça qu'elle parle?

Tous les Acteurs éclatent bruyamment de rire.

LA BELLE-FILLE, *riant elle aussi.*

Oui, monsieur, c'est comme ça qu'elle parle, moitié en espagnol, moitié en français, de façon très cocasse!

MME PACE

Ah, ça né mé paraît pas muy poli qué vosostros vous riiez dé migo, quand yo tâche dé hablar francés comé podo, señor!

LE DIRECTEUR

Non, non! Au contraire! Parlez comme ça! parlez

comme ça, madame! Effet certain! On ne pourrait même rien trouver de mieux pour rompre par une note comique la crudité de la situation. Parlez, parlez comme ça! C'est parfait!

LA BELLE-FILLE

Parfait? Et comment! S'entendre faire dans un tel bara-gouin certaines propositions, l'effet est sûr, monsieur, car ça a presque l'air d'une farce! On se met à rire quand on entend quelqu'un vous dire qu'il y a « oun viejo señor » qui voudrait « s'amouser con migo » — n'est-ce pas, madame?

MME PACE

Viejito, si! viejito, ma yolie, ma es mejor para ti : porqué s'il né té plaît pas, el té porte prudencia!

LA MÈRE, *se révoltant, au milieu de la stupeur et de la consternation de tous les Acteurs qui ne faisaient pas attention à elle et qui, maintenant, en l'entendant crier, s'élancent en riant pour la retenir, car pendant ce temps elle aura arraché la perruque de M*^{me} *Pace et l'aura jetée par terre.*

Sorcière! sorcière! monstre! C'est ma fille!

LA BELLE-FILLE, *accourant pour la retenir.*

Non, non, maman, non! je t'en prie!

LE PÈRE, *accourant lui aussi, simultanément.*

Calme-toi, calme-toi! Va te rasseoir!

LA MÈRE

Mais alors, faites que je ne la voie plus devant moi!

LA BELLE-FILLE, *au Directeur qui est accouru lui aussi.*

Il est impossible, absolument impossible que ma mère reste là!

LE PÈRE, *lui aussi au Directeur.*

Elles ne peuvent pas être là toutes les deux ensemble!
Et c'est pour cela, vous comprenez, qu'elle n'était pas avec
nous quand nous sommes arrivés ici! Si elle avait été avec
nous, tout, vous le comprendrez aisément, se serait
forcément passé trop tôt.

LE DIRECTEUR

Peu importe! Peu importe! Pour le moment, tout cela
est comme une première ébauche! Rien n'est inutile :
même ainsi, pêle-mêle, je peux glaner les divers éléments
du drame. *(S'adressant à la Mère et l'entraînant pour la
faire se rasseoir à sa place :)* Allons, allons, madame,
calmez-vous, calmez-vous : veuillez vous rasseoir!

> *Pendant ce temps, la Belle-fille, gagnant de nouveau
> le centre du plateau, s'adresse à Mme Pace.*

LA BELLE-FILLE

Eh bien, madame, allons-y!

MME PACE, *vexée.*

Ah, non, muchas gracias! Yo aqui jé ne fais plous nada
en présence dé ta mère.

LA BELLE-FILLE

Eh bien, alors, faites entrer ce « viejo señor, porqué el
s'amouse con migo! » *(Se tournant vers tous les autres,
impérieuse :)* Il faut tout de même finir par la jouer, cette
scène! Alors, jouons-la! *(A Mme Pace :)* Vous, allez-
vous-en!

MME PACE

Ah, yo mé voy, mé voy — pour sour qué yo mé voy...

Elle ramasse sa perruque et jetant un regard farouche aux Acteurs qui applaudissent en ricanant, elle sort, furieuse.

LA BELLE-FILLE, *au Père.*

Et vous, faites votre entrée! Pas besoin de faire le tour! Venez là! Faites comme si vous étiez déjà entré! Tenez : moi, je suis là, baissant la tête — modestement! — Allez! Décidez-vous à parler! Dites-moi d'une voix différente, comme quelqu'un qui arrive de dehors : « Bonjour, mademoiselle... »

LE DIRECTEUR, *qui est déjà redescendu dans la salle.*

Non, mais dites donc! Qui est-ce qui dirige la répétition? C'est vous ou c'est moi? *(Au Père qui le regarde, indécis et perplexe :)* Oui, faites ce qu'elle vous dit : remontez jusqu'au fond, sans sortir, et revenez au premier plan.

Le Père obéit, comme effaré. Très pâle, mais déjà pénétré de la réalité de sa vie créée, il sourit en s'approchant, venant du fond, comme étranger encore au drame qui est sur le point de s'abattre sur lui. Aussitôt les Acteurs accordent toute leur attention à la scène qui commence.

LE DIRECTEUR, *bas, rapidement, au Souffleur qui est dans son trou.*

Et vous, à présent, notez bien tout!

LA SCÈNE

LE PÈRE, *s'avançant, d'une voix différente.*

Bonjour, mademoiselle.

LA BELLE-FILLE, *la tête baissée, avec un dégoût contenu.*

Bonjour.

LE PÈRE, *après l'avoir un instant regardée par-dessous le chapeau qui lui cache presque le visage, constatant qu'elle est toute jeune, s'écrie comme pour lui-même, un peu par satisfaction et un peu aussi par crainte de se trouver compromis dans une aventure dangereuse.*

Ah... — Mais... dites-moi, ce n'est sans doute pas la première fois, n'est-ce pas ? que vous venez ici ?

LA BELLE-FILLE, *même jeu.*

Non, monsieur.

LE PÈRE

Vous y êtes venue une autre fois ? *(Et comme la Belle-fille fait oui de la tête :)* Plus d'une ? *(Il attend un instant qu'elle réponde, la regarde de nouveau par-dessous son chapeau, sourit, puis dit :)* Eh bien, alors, voyons... vous ne devriez plus être aussi... Vous permettez que je vous enlève moi-même votre petit chapeau ?

LA BELLE-FILLE, *vivement, pour prévenir son geste, ne dominant plus son dégoût.*

Non, monsieur : je vais l'enlever moi-même !

Ce qu'elle fait avec une hâte convulsive.

La Mère qui assiste à cette scène, avec le Fils et ses deux autres enfants plus jeunes et plus proches d'elle, lesquels se tiendront toujours près d'elle, à l'écart, du côté opposé à celui des Acteurs, la Mère, donc, est comme sur des charbons ardents ; et c'est avec des expressions différentes, de douleur, d'indignation, d'angoisse ou d'horreur, qu'elle écoute les paroles et suit les

gestes de ces deux Personnages ; et tantôt elle se
cachera le visage, tantôt poussera un gémissement.

LA MÈRE

Oh, mon Dieu! mon Dieu!

LE PÈRE, *en entendant ce gémissement, reste un long moment
comme pétrifié, puis il reprend sur le même ton
que précédemment.*

Allons, donnez-le-moi : je vais l'accrocher moi-même.
(*Il lui prend le chapeau des mains.*) Mais sur une aussi jolie
petite tête que la vôtre, je voudrais voir un plus beau
chapeau. Vous ne voulez pas m'aider à en choisir un, tout
à l'heure, parmi les modèles de Mme Pace? — Non?

L'INGÉNUE, *vivement.*

Eh là, doucement! Ce sont nos chapeaux!

LE DIRECTEUR, *vivement, furibond.*

Silence, bon Dieu! Ce n'est pas le moment de faire de
l'esprit! — Ça fait partie de la scène! (*A la Belle-fille :*)
Enchaînez, mademoiselle, je vous en prie!

LA BELLE-FILLE, *enchaînant.*

Non, merci, monsieur.

LE PÈRE

Oh, quoi, ne me dites pas non! Il faudra bien que vous
me disiez oui. Je le prendrais mal... Il y en a de très jolis,
regardez! Et puis, nous ferons plaisir à Mme Pace. C'est
exprès qu'elle les expose ici!

LA BELLE-FILLE

Mais non, monsieur, comprenez : je ne pourrais même
pas le porter.

LE PÈRE

Vous dites sans doute ça à cause de ce qu'on penserait chez vous, en vous voyant rentrer avec un chapeau neuf? Oh, quoi! Vous savez comment il faut faire? Ce qu'il faut raconter à ses parents?

LA BELLE-FILLE, *avec agitation, n'en pouvant plus.*

Mais ce n'est pas pour ça, monsieur! Je ne pourrais pas le porter, parce que je suis... vous le voyez bien : vous auriez déjà dû vous en apercevoir!

Elle montre sa robe noire.

LE PÈRE

En deuil? Ah, oui! Excusez-moi. C'est vrai : je le vois. Je vous demande pardon. Croyez bien que je suis vraiment navré.

LA BELLE-FILLE, *faisant un effort et s'enhardissant aussi pour dominer son mépris et sa nausée.*

Non, monsieur, non! C'est à moi de vous remercier, et non à vous d'être navré ou de vous attrister. Je vous en prie, ne pensez plus à ce que je viens de vous dire. Pour moi aussi, vous comprendrez... (*S'efforçant de sourire, elle ajoute :)* Il faut vraiment que j'oublie que je suis habillée comme ça.

LE DIRECTEUR, *vivement, s'adressant au Souffleur dans son trou et remontant sur le plateau.*

Attendez, attendez! N'écrivez pas, sautez, sautez cette dernière phrase! (*Au Père et à la Belle-fille :)* Ça va très bien! Vraiment très bien! (*Puis au Père seul :)* Maintenant, vous allez enchaîner comme nous en sommes convenus! (*Aux Acteurs :)* Très jolie, cette petite scène du chapeau, vous ne trouvez pas?

LA BELLE-FILLE

Oh, mais c'est maintenant que vient le plus beau!
Pourquoi est-ce qu'on ne continue pas?

LE DIRECTEUR

Veuillez patienter un instant! *(De nouveau aux Acteurs :)*
Naturellement, il faudra que cette scène soit jouée avec
une certaine légèreté...

LE GRAND PREMIER RÔLE MASCULIN

.. oui, avec de la désinvolture...

LE GRAND PREMIER RÔLE FÉMININ

Mais oui, ça ne sera pas difficile! *(Au Grand Premier
Rôle masculin :)* On pourrait la donner tout de suite, non?

LE GRAND PREMIER RÔLE MASCULIN

Oh, quant à moi... Tenez, je vais faire le tour pour mon
entrée!

> *Il sort pour être prêt à rentrer par la porte du fond
> du décor.*

LE DIRECTEUR, *au Grand Premier Rôle féminin.*

Bon, alors, écoutez : la scène entre vous et cette fameuse
Mme Pace vient de finir, une scène que je me charge
d'écrire plus tard. Vous, vous êtes... Non, où allez-vous?

LE GRAND PREMIER RÔLE FÉMININ

Attendez, je remets mon chapeau...

> *Ce qu'elle fait, après être allée prendre son chapeau
> au portemanteau.*

LE DIRECTEUR

Ah, oui, très bien! — Donc, vous êtes là, baissant la
tête.

LA BELLE-FILLE, *amusée.*

Mais elle n'est pas en deuil!

LE GRAND PREMIER RÔLE FÉMININ

Je le serai et beaucoup plus élégamment que vous!

LE DIRECTEUR, *à la Belle-fille.*

Veuillez vous taire, s'il vous plaît! Et regardez bien! Vous pourrez en prendre de la graine! *(Frappant dans ses mains :)* Eh bien, allez-y! Faites votre entrée!

> *Et il redescend dans la salle pour juger de l'effet que produit la scène. La porte du décor s'ouvre et le Grand Premier Rôle masculin s'avance de l'air dégagé et polisson d'un vieux beau. Dès les premières répliques l'exécution de cette scène par les Acteurs doit apparaître comme quelque chose de différent, mais cela, néanmoins, sans avoir, si peu que ce soit, l'air d'une parodie; cela devrait plutôt faire penser à une version revue et corrigée. Naturellement, comme on verra ci-après, la Belle-fille et le Père, ne pouvant absolument pas se reconnaître dans ce Grand Premier Rôle féminin et dans ce Grand Premier Rôle masculin et les entendant prononcer leurs propres paroles, exprimeront de diverses manières, tantôt par des gestes, tantôt par des sourires et tantôt en protestant franchement, l'impression produite sur eux, une impression de surprise, d'ahurissement, de souffrance, etc. Venant du trou du Souffleur, on entendra nettement la voix de celui-ci.*

LE GRAND PREMIER RÔLE MASCULIN

« Bonjour, mademoiselle... »

LE PÈRE, *très vivement, ne parvenant pas à se contenir.*

Mais non!

*Cependant, la Belle-fille, en voyant entrer de cette
manière le Grand Premier Rôle masculin, a éclaté de
rire.*

LE DIRECTEUR, *furieux.*

Allez-vous vous taire! Et cessez une bonne fois de rire!
On ne peut pas travailler dans ces conditions!

LA BELLE-FILLE, *venant du proscenium.*

Pardonnez-moi, monsieur, mais c'est tout naturel!
(Montrant le Grand Premier Rôle féminin :) Mademoiselle
est là, immobile, tout à fait comme il faut; mais si elle doit
être moi, je peux vous assurer qu'en m'entendant dire
« bonjour » de cette manière et sur ce ton, moi, j'aurais
éclaté de rire, exactement comme je viens de le faire!

LE PÈRE, *s'avançant un peu lui aussi.*

Oui, c'est bien ça... l'air, le ton de monsieur...

LE DIRECTEUR

Qu'est-ce que vous me racontez avec votre air et avec
votre ton! Pour le moment, écartez-vous et laissez-moi
voir la répétition!

LE GRAND PREMIER RÔLE MASCULIN, *s'avançant.*

Si je dois être un homme d'un certain âge, arrivant dans
une maison louche...

LE DIRECTEUR

Mais oui, ne faites donc pas attention, je vous en prie!
Reprenez, reprenez, reprenez : ça marche très bien!
(Attendant que l'Acteur reprenne :) Donc...

LE GRAND PREMIER RÔLE MASCULIN

« Bonjour, mademoiselle... »

LE GRAND PREMIER RÔLE FÉMININ

« Bonjour... »

LE GRAND PREMIER RÔLE MASCULIN, *refaisant le geste du Père, c'est-à-dire celui de regarder par-dessous le chapeau, mais exprimant ensuite très distinctement d'abord la satisfaction, puis la crainte.*

« Ah... — Mais... dites-moi, ce n'est sans doute pas la première fois, j'espère...

LE PÈRE, *ne pouvant s'empêcher de rectifier.*

Non, pas « j'espère » — « n'est-ce pas? », « n'est-ce pas? ».

LE DIRECTEUR

Il dit « n'est-ce pas » — interrogatif.

LE GRAND PREMIER RÔLE MASCULIN,
indiquant le trou du Souffleur.

Moi, j'ai entendu « j'espère! ».

LE DIRECTEUR

Mais oui, « n'est-ce pas » ou « j'espère », ça revient au même! Enchaînez, enchaînez. Attendez : peut-être un peu moins appuyé... Tenez, regardez : je vais vous montrer... (*Il remonte sur le plateau, puis jouant lui-même le rôle depuis l'entrée :*) « Bonjour, mademoiselle... »

LE GRAND PREMIER RÔLE FÉMININ

« Bonjour... »

LE DIRECTEUR

« Ah, mais... dites-moi... » (*Au Grand Premier Rôle masculin, pour lui faire remarquer la manière dont il a*

regardé *le Grand Premier Rôle féminin par-dessous son
chapeau :)* Surprise... crainte et satisfaction... *(Puis reprenant, au Grand Premier Rôle féminin :)* « Ce n'est sans
doute pas la première fois, n'est-ce pas ? que vous venez
ici... » *(De nouveau, se tournant avec un regard d'intelligence
vers le Grand Premier Rôle masculin :)* Vous voyez ce que
je veux dire ? *(Au Grand Premier Rôle féminin :)* Et vous
alors : « Non, monsieur. » *(De nouveau au Grand Premier
Rôle masculin :)* Bref, comment dire ? De l'aisance.

Et il redescend dans la salle.

LE GRAND PREMIER RÔLE FÉMININ

« Non, monsieur... »

LE GRAND PREMIER RÔLE MASCULIN

« Vous y êtes déjà venue une autre fois ? Plus d'une ? »

LE DIRECTEUR

Mais non, attendez ! *(Montrant le Grand Premier Rôle
féminin :)* Laissez-lui d'abord le temps de faire signe que
oui. « Vous y êtes déjà venue une autre fois ? »

*Le Grand Premier Rôle féminin lève légèrement la
tête, entrouvrant péniblement les yeux, comme avec
dégoût ; puis, à un* Baissez la tête *du Directeur, elle
hoche deux fois la tête.*

LA BELLE-FILLE, *incapable de se dominer.*

Oh, grand Dieu !

*Et aussitôt, elle met la main sur la bouche pour
étouffer son rire.*

LE DIRECTEUR, *se tournant.*

Qu'est-ce qu'il y a ?

LA BELLE-FILLE, *vivement.*

Rien, rien!

LE DIRECTEUR, *à la Vedette masculine.*

A vous, à vous, enchaînez!

LE GRAND PREMIER RÔLE MASCULIN

« Plus d'une? Eh bien, alors, voyons... vous ne devriez plus être aussi... Vous permettez que je vous enlève moi-même votre petit chapeau? »

> *Le Grand Premier Rôle masculin dit cette dernière réplique sur un tel ton et l'accompagne d'un tel geste que la Belle-fille, qui a encore les mains sur sa bouche, a beau vouloir se dominer, elle ne parvient plus à contenir le rire qui éclate irrésistiblement entre ses doigts, bruyamment.*

LE GRAND PREMIER RÔLE FÉMININ, *indignée,*
retournant à sa place.

Oh, mais, moi, je ne suis pas là pour jouer les pitres pour cette personne!

LE GRAND PREMIER RÔLE MASCULIN

Et moi non plus! Ça suffit!

LE DIRECTEUR, *à la Belle-fille, hurlant.*

Oui, ça suffit! Allez-vous finir?

LA BELLE-FILLE

Oui, pardonnez-moi... veuillez me pardonner...

LE DIRECTEUR

Vous êtes une mal élevée! voilà ce que vous êtes! Une mal élevée et une présomptueuse!

LE PÈRE, *essayant de s'interposer.*

Oui, oui, vous avez raison, vous avez raison; mais veuillez lui pardonner...

LE DIRECTEUR, *remontant sur le plateau.*

Que je lui pardonne, quoi? C'est d'une indécence!

LE PÈRE

Oui, monsieur, vous avez raison, mais, croyez moi, cela fait vraiment un effet tellement bizarre...

LE DIRECTEUR

... bizarre? comment ça, bizarre? pourquoi bizarre?

LE PÈRE

Moi, monsieur, j'admire, j'admire sincèrement vos acteurs : monsieur *(il montre la Vedette masculine)*, mademoiselle *(il montre la Vedette féminine)*, mais il est évident... oui, qu'ils ne sont pas nous...

LE DIRECTEUR

Eh, je pense bien! Comment voudriez-vous qu'ils soient « vous », puisque ce sont les acteurs?

LE PÈRE

Justement, les acteurs! Et tous les deux, ils jouent très bien nos rôles. Mais, croyez-moi, pour nous cela paraît quelque chose de différent, une chose qui voudrait être la même mais qui ne l'est pas!

LE DIRECTEUR

Comment, qui ne l'est pas? Qu'est-ce qu'elle est alors?

LE PÈRE

Une chose qui... comment dire?... qui devient à eux et qui n'est plus à nous.

LE DIRECTEUR

Mais c'est forcé! Je vous l'ai déjà dit!

LE PÈRE

Oui, je comprends, je comprends...

LE DIRECTEUR

... eh bien, alors, n'en parlons plus! *(Aux Acteurs :)* Ça signifie que nous répéterons plus tard, entre nous, comme il se doit. Ç'a toujours été une corvée pour moi que de répéter en présence des auteurs! Ils ne sont jamais contents! *(Au Père et à la Belle-fille :)* On va reprendre avec vous, et on verra bien si vous êtes capable de cesser de rire.

LA BELLE-FILLE

Oh, je ne rirai plus, non, je ne rirai plus! A présent, c'est mon plus beau moment qui arrive. Rassurez-vous!

LE DIRECTEUR

Alors, quand vous dites : « Je vous en prie, ne pensez plus à ce que je viens de dire... Pour moi aussi — vous le comprendrez! » — *Au Père :)* Il faut que vous enchaîniez aussitôt : « Je comprends, ah, si je comprends...! » et que vous lui demandiez immédiatement...

LA BELLE-FILLE, *l'interrompant.*

... comment! quoi donc?...

LE DIRECTEUR

... la raison de votre deuil!

LA BELLE-FILLE

Mais non, monsieur! Écoutez : quand je lui ai dit qu'il

ne fallait pas qu'il pense à la façon dont j'étais habillée, vous savez ce qu'il m'a répondu? « Oh, d'accord! Eh bien, alors, enlevons-la, enlevons-la vite, cette petite robe! »

LE DIRECTEUR

Ah, bravo! Bravo! Pour que le public casse mes fauteuils?

LA BELLE-FILLE

Mais c'est la vérité!

LE DIRECTEUR

Je vous en prie, fichez-moi la paix avec votre vérité! Ici, nous sommes au théâtre! La vérité, oui, mais jusqu'à un certain point!

LA BELLE-FILLE

Et alors, est-ce que je peux vous demander ce que vous voulez faire?

LE DIRECTEUR

Vous le verrez, vous le verrez! A présent, laissez-moi faire!

LA BELLE-FILLE

Non, monsieur! De ma nausée, de toutes les raisons, l'une plus cruelle et plus ignoble que l'autre, qui font que moi, je suis « celle que je suis », une « fille », vous voudriez sans doute tirer une petite bleuette romantico-sentimentale, avec lui qui me demande pourquoi je suis en deuil et moi qui lui réponds en pleurant que papa est mort il y a deux mois? Non, non, cher monsieur! Il faut qu'il me dise comme il l'a fait : « Eh bien, alors, enlevons-la vite, cette petite robe! » Et moi, avec tout mon deuil dans le cœur, un deuil vieux de deux mois à peine, je suis allée là-bas, vous comprenez? derrière ce paravent, et avec ces doigts, tremblant de honte et de dégoût, j'ai dégrafé mon corsage, ma jupe...

LE DIRECTEUR, *s'arrachant les cheveux.*

Je vous en prie! Qu'est-ce que vous racontez?

LA BELLE-FILLE, *criant, frénétique.*

La vérité! la vérité, monsieur!

LE DIRECTEUR

Mais oui, je ne dis pas le contraire, c'est sans doute la vérité... et je comprends, oui, je comprends tout à fait le sentiment d'horreur que vous éprouvez, mademoiselle, mais comprenez, vous aussi, que tout cela n'est pas possible sur une scène!

LA BELLE-FILLE

Ce n'est pas possible? Eh bien, alors, merci bien : moi, je ne marche pas!

LE DIRECTEUR

Mais non, voyons...

LA BELLE-FILLE

Je ne marche pas! je ne marche pas! Ce qui est possible sur une scène, vous l'avez combiné tous les deux tout à l'heure, mais, moi, je ne marche pas! Je le comprends bien! Lui, il veut en arriver tout de suite à la représentation de ses *(chargeant)* affres morales; mais, moi, c'est mon drame, mon drame, c'est le mien que je veux représenter!

LE DIRECTEUR, *agacé, haussant violemment les épaules.*

Oh, à la fin, votre drame, votre drame! Excusez-moi,

mais il n'y a pas seulement le vôtre! Il y a aussi celui des autres! Le sien! *(il montre le Père)*, celui de votre mère! Il est inadmissible qu'un personnage vienne ainsi se mettre au premier plan et qu'il occupe toute la scène au détriment des autres. Il faut les faire entrer tous dans un cadre harmonieux et représenter ce qui est représentable! Je sais bien, moi aussi, que chacun d'entre nous a en lui toute une vie qui lui est propre et qu'il voudrait l'étaler au grand jour. Mais le difficile, c'est précisément de ne faire apparaître de cette vie que ce qui est nécessaire par rapport aux autres, et cependant, de faire comprendre par le peu qu'on laisse voir toute la vie demeurée secrète! Ah, ce serait trop commode si chaque personnage pouvait dans un beau monologue ou... carrément... dans une conférence venir déballer devant le public tout ce qui mijote en lui! *(Sur un ton débonnaire et conciliant :)* Il faut vous modérer, mademoiselle. Et cela, croyez-moi bien, dans votre propre intérêt, car, je vous en avertis, toute cette rage destructrice, tout ce dégoût exacerbé pourraient aussi produire une fâcheuse impression, quand, excusez-moi de vous le rappeler, vous avez vous-même reconnu avoir été avec d'autres hommes avant lui, chez Mme Pace, et cela plus d'une fois!

LA BELLE-FILLE, *baissant la tête, d'une voix profonde, après un instant de réflexion.*

C'est vrai! Mais pensez que, pour moi, ces autres hommes sont également lui.

LE DIRECTEUR, *ne comprenant pas.*

Comment ça, les autres? Que voulez-vous dire?

LA BELLE-FILLE

Pour une femme qui tombe, monsieur, le responsable de toutes les fautes qui suivent, n'est-il pas toujours celui qui,

le premier, a provoqué sa chute? Et pour moi, c'est lui,
avant même que je sois née. Regardez-le, et vous verrez si
ce n'est pas vrai!

LE DIRECTEUR

Bon, bon! Et le poids sur lui d'un si grand remords,
vous trouvez que c'est peu de chose? Donnez-lui la
possibilité de le représenter!

LA BELLE-FILLE

Mais comment cela, s'il vous plaît? Je veux dire,
comment pourrait-il représenter tous ses « nobles »
remords, toutes ses tortures « morales », si vous voulez lui
épargner l'horreur de s'être retrouvé un beau jour avec,
dans les bras, après l'avoir invitée à enlever sa robe de
grand deuil, femme et déjà tombée, la fillette, monsieur, la
fillette qu'il allait voir à la sortie de l'école?

*Elle a prononcé ces derniers mots d'une voix
tremblante d'émotion.*

*La Mère, en l'entendant parler ainsi, sous l'empire
d'une irrépressible angoisse qui s'exprime d'abord par
des gémissements, finit par éclater en sanglots éperdus.
L'émotion s'empare de tout le monde. Un long temps.*

LA BELLE-FILLE, *aussitôt que la Mère
semble se calmer, ajoute, sombre et résolue.*

A présent, nous autres, nous sommes entre nous, encore
ignorés du public. Vous, demain, monsieur, vous donnerez
de nous le spectacle que vous jugerez bon, le composant à
votre guise. Mais voulez-vous le voir vraiment, notre
drame? voulez-vous le voir éclater vraiment, tel qu'il a
éclaté?

LE DIRECTEUR

Mais oui, je ne demande pas mieux, pour en retenir dès
maintenant tout ce qui sera possible!

LA BELLE-FILLE

Eh bien, faites sortir cette mère.

LA MÈRE, *cessant de pleurer, dans un hurlement.*

Non, non! Ne le permettez pas, monsieur! Ne le permettez pas!

LE DIRECTEUR

Mais c'est seulement pour voir, madame!

LA MÈRE

Moi, je ne peux pas le supporter! je ne peux pas!

LE DIRECTEUR

Excusez-moi, madame, mais puisque tout cela a déjà eu lieu! Je ne comprends pas!

LA MÈRE

Non, cela a lieu maintenant et toujours! Mon supplice n'est pas une fiction, monsieur! Moi, je suis vivante et présente, toujours, à chaque instant de ce supplice qui est le mien et qui se renouvelle toujours vivant et présent. Mais ces deux pauvres petits-là, est-ce que vous les avez entendus parler? Ils ne le peuvent plus, monsieur! S'ils s'agrippent encore à moi, c'est pour maintenir vivant et présent mon supplice : mais eux, pour eux-mêmes, ils n'existent pas, ils n'existent plus! Et elle *(elle montre la Belle-fille)*, monsieur, elle s'est enfuie, elle m'a échappé et a achevé de se perdre, oui, de se perdre... Et maintenant, si je la vois devant moi, c'est encore pour cela, seulement pour cela, c'est toujours, toujours, pour ranimer toujours en moi, vivante et présente, la souffrance que j'ai éprouvée aussi à cause d'elle!

LE PÈRE, *solennel.*

L'instant ~~éternel,~~ comme je vous l'ai dit, monsieur!

(Montrant la Belle-fille :) Elle, elle est là pour me saisir, pour me fixer, me maintenir accroché et suspendu pour l'éternité au pilori, dans ce seul instant fugitif et honteux de ma vie. Elle ne peut pas y renoncer, et vous, monsieur, vous ne pouvez vraiment pas me l'épargner.

LE DIRECTEUR

Mais oui, je ne dis pas de ne pas représenter cela : et, même, cela formera le noyau de tout le premier acte jusqu'à son arrivée imprévue.

Il montre la Mère.

LE PÈRE

Oui, c'est ça. Car c'est là mon châtiment, monsieur tout notre calvaire qui doit culminer dans son cri final!

Il montre lui aussi la Mère

LA BELLE-FILLE

Je l'ai encore dans les oreilles, ce cri! Il m'a rendue folle! — Vous, monsieur, vous pouvez me porter à la scène comme vous voudrez : peu importe! Même habillée; pourvu que j'aie au moins les bras — rien que les bras — nus, parce que, voyez-vous, comme j'étais ainsi *(elle s'approche du Père et appuie sa tête contre la poitrine de celui-ci)*, ma tête appuyée ainsi et mes bras autour de son cou, je voyais battre une veine, là, sur mon bras; et alors, comme si seule cette veine vivante m'avait fait horreur, j'ai fermé les yeux, comme ceci, comme ceci, et j'ai caché ma tête contre sa poitrine! *(Se tournant vers la Mère :)* Crie, maman, crie! *(Elle cache sa tête contre la poitrine du Père et, faisant le gros dos, comme pour ne pas entendre le cri, elle ajoute d'une voix douloureusement étranglée :)* Crie, comme tu as crié alors!

LA MÈRE, *s'élançant pour les séparer.*

Non! C'est ma fille, c'est ma fille! *(Et après l'avoir arrachée à lui :)* Brute, brute! Tu ne vois pas que c'est ma fille?

LE DIRECTEUR, *reculant, à ce cri, jusqu'à la rampe,
au milieu de l'émotion des Acteurs.*

Très bien, oui, très bien! Et là-dessus, rideau, rideau!

LE PÈRE, *accourant à lui, bouleversé.*

Oui, oui, monsieur : parce que c'est vraiment ainsi que ça s'est passé!

LE DIRECTEUR, *admiratif et convaincu.*

Mais oui, là, sans le moindre doute! Rideau! Rideau!

Aux cris réitérés du Directeur, le Chef machiniste baisse le rideau, laissant à l'extérieur de celui-ci, devant la rampe, le Directeur et le Père.

LE DIRECTEUR, *regardant vers le haut et levant les bras.*

Non mais, quel idiot! Je dis rideau pour indiquer que l'acte doit se terminer ainsi, et on me baisse vraiment le rideau! *(Au Père, tout en soulevant un pan du rideau pour rentrer en scène :)* Oui, oui, c'est parfait! parfait! Effet certain! Il faut finir là-dessus. Je me porte garant, absolument garant de ce premier acte!

Il disparaît derrière le rideau avec le Père.

*

Lorsque se rouvre le rideau, on voit que les machinistes et le personnel de plateau ont démonté ce premier semblant de décor et l'ont remplacé par un petit bassin du genre de ceux qu'on voit dans les jardins.

D'un côté du plateau sont assis en rang les Acteurs et, de l'autre, les Personnages. Quant au Directeur, il est debout au centre du plateau, une main sur la bouche, poing fermé, dans l'attitude de quelqu'un qui réfléchit.

LE DIRECTEUR, *se secouant, après un temps bref.*

Bon! et maintenant, occupons-nous du deuxième acte! Tenons-nous-en à ce que nous avions décidé tout à l'heure : ça marchera très bien!

LA BELLE-FILLE

Notre arrivée chez lui *(elle montre le Père)*, en dépit de sa mauvaise humeur à lui!

Elle montre le Fils.

LE DIRECTEUR, *impatienté.*

D'accord; mais laissez-moi faire, je vous dis!

LA BELLE-FILLE, *parlant du Fils.*

Pourvu que sa mauvaise humeur apparaisse bien clairement!

LA MÈRE, *de sa place, hochant la tête.*

Pour tout le bonheur que ça nous a valu...

LA BELLE-FILLE, *se tournant vivement vers elle.*

Peu importe! Plus grand notre malheur, plus grand son remords!

LE DIRECTEUR, *impatienté.*

J'ai compris, j'ai compris! Et on tiendra compte de cela, surtout au début! Ne craignez rien!

LA MÈRE, *suppliante.*

Mais, je vous en prie, monsieur, faites en sorte qu'on comprenne bien, pour la paix de ma conscience, que j'ai tenté par tous les moyens...

LA BELLE-FILLE, *enchaînant vivement,*
avec une sorte de mépris.

... de me calmer, de me persuader de ne pas faire un pareil affront à ce fils! *(Au Directeur :)* Oui, faites ça pour elle, car ce qu'elle dit est la vérité! Pour moi, ce sera plus qu'un plaisir, car, de toute façon, c'est évident : plus elle supplie comme ça, plus elle tente de trouver le chemin de son cœur, et plus il se tient à distance, plus il est « absent »! Un régal pour moi!

LE DIRECTEUR

Est-ce qu'on va pouvoir enfin l'attaquer, ce deuxième acte?

LA BELLE-FILLE

Je ne dis plus rien! Mais je vous préviens qu'il ne sera pas possible que tout se passe dans le jardin, comme vous le voudriez!

LE DIRECTEUR

Pourquoi ça?

LA BELLE-FILLE

Parce que lui *(elle indique de nouveau le Fils)*, il reste tout le temps enfermé dans sa chambre, à l'écart! Et puis, comme je vous l'ai dit, c'est à l'intérieur de la maison que doit se dérouler tout le rôle de ce pauvre garçon égaré.

LE DIRECTEUR

Oui, oui! Mais d'autre part, vous le comprendrez, nous

ne pouvons tout de même pas mettre des écriteaux ou changer de décor à vue trois ou quatre fois par acte!

LE GRAND PREMIER RÔLE MASCULIN

Ça se faisait jadis...

LE DIRECTEUR

Oui, quand le public était sans doute comme cette fillette!

LE GRAND PREMIER RÔLE FÉMININ

Et l'illusion plus facile!

LE PÈRE, *avec éclat, se levant.*

L'illusion? Oh, je vous en prie, ne parlez pas d'illusion! N'employez pas ce mot qui, pour nous, est particulièrement cruel!

LE DIRECTEUR, *abasourdi.*

Cruel? Pourquoi ça, s'il vous plaît?

LE PÈRE

Mais oui, cruel! cruel! Et vous devriez le comprendre!

LE DIRECTEUR

Comment devrions-nous dire alors? L'illusion que nous devons créer sur cette scène, pour le public...

LE GRAND PREMIER RÔLE FÉMININ

... grâce à la représentation que nous donnons...

LE DIRECTEUR

... l'illusion d'une réalité!

LE PÈRE

Je comprends bien, monsieur... Mais peut-être est-ce

vous, en revanche, qui ne pouvez pas nous comprendre. Pardonnez-moi! Parce que, voyez-vous, ici, pour vous et pour vos acteurs, il s'agit seulement — et c'est normal — d'un jeu.

LE GRAND PREMIER RÔLE FÉMININ,
très vivement, indignée.

D'un jeu? Nous ne sommes pas des enfants! Ici, on joue la comédie sérieusement.

LE PÈRE

Je ne dis pas le contraire. Et, de fait, j'entends par là le jeu de votre art, qui — comme le dit monsieur — doit justement donner une parfaite illusion de réalité.

LE DIRECTEUR

Oui, justement!

LE PÈRE

Eh bien, si vous pensez que nous autres, en tant que nous sommes nous-mêmes *(il indique lui-même et, brièvement, les cinq autres Personnages)*, nous n'avons pas d'autre réalité que cette illusion!

LE DIRECTEUR, *abasourdi, regardant ses Acteurs qui sont eux aussi comme interdits et troublés.*

Que voulez-vous dire?

LE PÈRE, *après les avoir un instant observés, avec un pâle sourire.*

Mais oui, mesdames et messieurs! Quelle autre réalité? Ce qui pour vous est une illusion qu'il faut créer, pour nous, par contre, c'est notre seule réalité. *(Un temps bref. Il s'avance de quelques pas vers le Directeur et ajoute :)* Mais cela, du reste, n'est pas seulement vrai pour nous, vous

savez ! Réfléchissez bien. *(Le regardant dans les yeux :)*
Pouvez-vous me dire qui vous êtes ?

> *Et il reste, l'index pointé sur lui.*

LE DIRECTEUR, *troublé, avec un demi-sourire.*

Comment, qui je suis ? — Je suis moi !

LE PÈRE

Et si je vous disais que ce n'est pas vrai, parce que vous
êtes moi ?

LE DIRECTEUR

Je vous répondrais que vous êtes fou !

> *Les Acteurs rient.*

LE PÈRE

Vous avez raison de rire, car, ici, on joue ; *(au
Directeur :)* et vous pouvez donc m'objecter que c'est
seulement parce qu'il s'agit d'un jeu que ce monsieur *(il
montre le Grand Premier Rôle masculin)*, qui est « lui », doit
être « moi », et que, vice versa, je suis, moi, « celui-ci ».
Vous voyez que je vous ai pris au piège ?

> *Les Acteurs se remettent à rire.*

LE DIRECTEUR, *agacé.*

Mais on a déjà dit ça tout à l'heure ! On ne va pas
recommencer ?

LE PÈRE

Non, non. De fait, ce n'est pas ce que je voulais dire. Je
vous invite même à sortir de ce jeu *(regardant le Grand
Premier Rôle féminin, comme pour prévenir une interruption :)* — un jeu d'art ! d'art ! — auquel vous avez coutume
de jouer sur cette scène avec vos acteurs, et je vous
demande de nouveau sérieusement : qui êtes-vous ?

LE DIRECTEUR, *s'adressant comme stupéfait
et irrité à la fois aux Acteurs.*

Oh, mais vous savez qu'il faut un fameux toupet!
Quelqu'un qui se fait passer pour un personnage, venir me
demander à moi qui je suis!

LE PÈRE, *avec dignité, mais sans hauteur.*

Un personnage, monsieur, peut toujours demander à un
homme qui il est. Parce qu'un personnage a vraiment une
vie à lui, marquée de caractères qui lui sont propres et à
cause desquels il est toujours « quelqu'un ». Alors qu'un
homme — je ne parle pas de vous à présent — un homme
pris comme ça, en général, peut n'être « personne ».

LE DIRECTEUR

Soit! Mais vous me le demandez à moi qui suis le
Directeur de ce théâtre! le Chef de troupe! Vous avez
compris?

LE PÈRE, *presque en sourdine, avec une humilité mielleuse.*

Je vous le demande seulement, monsieur, pour savoir si,
vraiment, tel que vous êtes à présent, vous vous voyez...
tel que vous voyez, par exemple, avec le recul du temps,
celui que vous étiez autrefois, avec toutes les illusions que
vous vous faisiez alors, avec, en vous et autour de vous,
toutes les choses telles qu'elles vous semblaient être alors
— et telles qu'elles étaient réellement pour vous! — Eh
bien, monsieur, en repensant à ces illusions que vous ne
vous faites plus à présent, à toutes ces choses qui,
maintenant, ne vous « semblent » plus être ce qu'elles
« étaient » jadis pour vous, est-ce que vous ne sentez pas se
dérober sous vos pieds, je ne dis pas les planches de ce
plateau, mais le sol, le sol lui-même, à la pensée que,
pareillement, « celui » que vous avez le sentiment d'être

maintenant, toute votre réalité telle qu'elle est aujourd'hui est destinée à vous paraître demain une illusion?

LE DIRECTEUR, *sans avoir très bien compris,*
effaré par cette argumentation spécieuse.

Et alors? Où voulez-vous en venir?

LE PÈRE

Oh, à rien, monsieur. Qu'à vous faire voir que si nous autres *(il indique de nouveau lui-même et les autres Personnages)*, nous n'avons pas d'autre réalité que l'illusion, vous feriez bien, vous aussi, de vous défier de votre réalité, de celle que vous respirez et que vous touchez en vous aujourd'hui, parce que — comme celle d'hier — elle est destinée à se révéler demain pour vous une illusion.

LE DIRECTEUR, *se décidant à prendre la chose en plaisanterie.*

Ah, oui! Et dites donc, pendant que vous y êtes, que vous-même, avec cette pièce que vous venez me jouer ici, vous êtes plus vrai et plus réel que moi!

LE PÈRE, *avec le plus grand sérieux.*

Mais sans aucun doute, monsieur!

LE DIRECTEUR

Ah, oui?

LE PÈRE

Je croyais que vous l'aviez compris dès le début.

LE DIRECTEUR

Plus réel que moi?

LE PÈRE

Puisque votre réalité peut changer du jour au lendemain...

LE DIRECTEUR

Mais bien sûr qu'elle peut changer! Elle change continuellement : comme celle de tout le monde!

LE PÈRE, *dans un cri.*

Mais pas la nôtre, monsieur! Vous comprenez? C'est là toute la différence! Elle ne change pas, elle ne peut pas changer, ni jamais être une autre, parce qu'elle est déjà fixée — déjà ainsi — déjà « celle-ci » — pour toujours — (c'est terrible, monsieur!) une réalité immuable, qui devrait vous faire frissonner tous quand vous vous approchez de nous!

LE DIRECTEUR, *avec un mouvement de colère,*
se plantant devant lui parce qu'il vient soudain
d'avoir une idée.

Mais moi, ce que je voudrais savoir, c'est si l'on a jamais vu un personnage qui, sortant de son rôle, s'est mis à palabrer comme vous le faites, à commenter, à expliquer son rôle. Pouvez-vous me le dire? Moi, je n'ai jamais vu ça!

LE PÈRE

Vous ne l'avez jamais vu, monsieur, parce que, d'ordinaire, les auteurs dissimulent les affres de leur création. Lorsque les personnages sont vivants, vraiment vivants devant leur auteur, celui-ci ne fait pas autre chose que les suivre dans l'action, dans les paroles, dans les gestes que précisément ils lui proposent, et il faut qu'il les veuille tels qu'ils se veulent, et gare à lui s'il ne le fait pas! Quand un personnage est né, il acquiert aussitôt une telle indépendance, même vis-à-vis de son auteur, que tout le monde peut l'imaginer dans nombre d'autres situations où son auteur n'a pas songé à le mettre, et qu'il peut aussi, parfois, acquérir une signification que son auteur n'a jamais songé à lui donner!

LE DIRECTEUR

Mais oui, cela, je le sais!

LE PÈRE

Eh bien, alors, pourquoi cet étonnement devant nous? Imaginez pour un personnage le malheur dont je vous ai parlé, le malheur d'être né vivant de l'imagination d'un auteur qui, ensuite, a voulu lui refuser la vie, et dites-moi si ce personnage abandonné de la sorte, à la fois vivant et sans vie, n'a pas raison de se mettre à faire ce que nous sommes en train de faire, nous autres, maintenant, ici, devant vous, après l'avoir fait bien des fois, je vous assure, devant lui pour le persuader, pour le presser d'écrire, en lui apparaissant, tantôt moi, tantôt elle *(il montre la Belle-fille)*, tantôt cette pauvre mère...

LA BELLE-FILLE, *s'avançant comme une somnambule.*

C'est vrai, moi aussi, moi aussi, monsieur, pour le tenter, si souvent, dans la mélancolie de son bureau, à l'heure du crépuscule, quand, affalé dans un fauteuil, il ne parvenait pas à se décider à tourner le bouton de l'électricité et qu'il laissait l'ombre envahir la pièce, et que cette ombre grouillait de nous autres qui venions le tenter... *(Comme se voyant encore dans ce bureau et comme gênée par la présence de tous ces Acteurs :)* Si vous pouviez tous vous en aller! si vous nous laissiez seuls! Maman, là, avec ce fils — moi avec cette fillette — ce garçon, là-bas, toujours seul — et puis moi avec lui *(elle indique à peine le Père)*... et puis moi seule, moi toute seule... — dans cette pénombre *(elle bondit soudain, comme si, dans cette vision qu'elle a d'elle-même, lumineuse et vivante dans cette ombre, elle voulait se saisir)*, ah, ma vie! Les scènes, les scènes que nous venions lui proposer! Moi, c'est moi qui plus que tous les autres le tentais!

LE PÈRE

Oui! Mais c'est sans doute à cause de toi, précisément à cause de ta trop grande insistance, à cause de tous tes excès!

LA BELLE-FILLE

Qu'est-ce que tu racontes! Puisque c'est lui-même qui m'a voulue ainsi! *(S'approchant du Directeur pour lui dire comme en confidence :)* Moi, monsieur, je crois plutôt que c'est par découragement ou par mépris pour le théâtre tel que le public le voit et le veut d'ordinaire...

LE DIRECTEUR

Poursuivons, poursuivons, bon Dieu, et venons-en au fait, mesdames et messieurs!

LA BELLE-FILLE

Oh, mais, permettez, il me semble qu'avec notre arrivée chez lui *(elle montre le Père)*, des faits, vous en avez plus qu'il ne vous en faut! Vous venez de dire que vous ne pouviez pas mettre des écriteaux ou changer de décor toutes les cinq minutes!

LE DIRECTEUR

Oui! Mais justement! Il s'agit de les combiner, ces faits, de les grouper dans une action simultanée et serrée, et non pas de voir, comme vous le voudriez, de voir d'abord votre jeune frère qui rentre de l'école et qui erre dans la maison comme une ombre, se cachant derrière les portes pour méditer un projet dans lequel... comment avez-vous dit?

LA BELLE-FILLE

Il se dissout, monsieur, il se dissout tout entier!

LE DIRECTEUR

Première fois que j'entends cette expression! Eh bien, d'accord : et « n'ayant que ses yeux qui grandissent », n'est-ce pas?

LA BELLE-FILLE

Oui, monsieur : tel que vous le voyez là!

Elle le montre près de la Mère.

LE DIRECTEUR

Bravo! Et puis, en même temps, vous voudriez aussi qu'on ait dans le jardin cette fillette qui joue sans se douter de rien. Lui, à l'intérieur de la maison et elle dans le jardin : est-ce possible?

LA BELLE-FILLE

Oh, monsieur, au soleil, heureuse! Sa gaieté, ses rires dans ce jardin, c'est mon seul réconfort : elle, tirée de la misère, arrachée à la tristesse de la chambre sordide où nous couchions tous les quatre — et moi avec elle — moi, pensez-y! avec l'horreur de mon corps souillé, moi, près d'elle qui me serrait très fort dans ses petits bras tendres et innocents. Au jardin, dès qu'elle me voyait, elle accourait me prendre par la main. Elle n'avait pas un seul regard pour les grandes fleurs; au lieu de cela, elle allait à la découverte de toutes les « pitites, pitites », et elle tenait à me les montrer, en riant, ah, comme elle riait!

En disant cela, déchirée par ce souvenir, elle éclate en longs sanglots désespérés, laissant tomber sa tête sur ses bras allongés sur le guéridon. L'émotion s'empare de

*tous. Le Directeur s'approche d'elle presque paternelle-
ment et lui dit pour la réconforter :*

LE DIRECTEUR

Ne vous inquiétez pas, on l'aura, on l'aura votre jardin,
et vous verrez qu'il vous plaira! Nous allons y grouper
toutes les scènes. *(Appelant par son nom l'un des Machinistes :)* Eh, toi, envoie-moi quelques arbres! Deux petits
cyprès, là, devant le bassin!

> *On voit descendre des cintres deux petits cyprès. Le
> Chef Machiniste accourt et en fixe avec des clous les
> deux socles.*

LE DIRECTEUR, *à la Belle-fille.*

Pour le moment, comme ça, vaille que vaille, juste pour
se faire une idée. *(Appelant de nouveau par son nom le
Machiniste :)* Et maintenant envoie-moi un ciel!

LE MACHINISTE, *des cintres.*

Comment?

LE DIRECTEUR

Un ciel! Une toile de fond derrière le bassin! *(On voit
descendre des cintres une toile de fond blanche.)* Mais non,
pas blanche! Je t'ai dit un ciel! Bon, ça ne fait rien : je vais
arranger ça. *(Appelant :)* Eh, électro, éteins tout et donne-
moi un peu d'atmosphère... une atmosphère de clair de
lune... les herses au bleu, au bleu, et un projecteur au bleu
sur la toile... Comme ça, oui! Ça va!

> *A son commandement il se sera créé une mystérieuse
> atmosphère de clair de lune, qui incitera les Acteurs à
> parler et à bouger comme si c'était le soir, dans un
> jardin, sous la lune.*

LE DIRECTEUR, *à la Belle-fille.*

Et voilà! vous voyez? Et maintenant, au lieu de se cacher derrière les portes, le petit jeune homme pourrait errer là, dans le jardin, et se cacher derrière les arbres. Mais vous comprendrez qu'il sera difficile de trouver une fillette qui joue convenablement avec vous la scène où elle vous montre les petites fleurs. *(A l'Adolescent :)* Vous, avancez plutôt! venez plutôt un peu là! Nous allons essayer de fixer un peu les choses! *(Et comme l'Adolescent ne bouge pas :)* Allons, voyons, venez! *(Puis l'amenant où il veut et tâchant de lui faire tenir droite la tête, laquelle retombe chaque fois :)* Ah, mais, dites donc, un fameux problème ce garçon aussi... Mais qu'est-ce qu'il a?... Bon sang, il faudrait pourtant qu'il dise quelque chose... *(S'approchant de lui, il lui met une main sur l'épaule et l'amène derrière les arbres.)* Venez, venez un peu là, que je voie! Cachez-vous un peu là derrière... Comme ça... Essayez de pencher un peu la tête, comme si vous étiez aux aguets... *(Il s'écarte pour juger de l'effet; et aussitôt que l'Adolescent exécute le mouvement demandé, provoquant l'effarement des Acteurs que cela impressionne grandement :)* Ah, très bien... très bien... *(A la Belle-fille :)* Dites-moi, et si la petite, en le surprenant ainsi aux aguets, accourait vers lui et lui arrachait au moins quelques mots?

LA BELLE-FILLE, *se levant.*

N'espérez pas qu'il ouvre la bouche aussi longtemps que lui sera là! *(Elle montre le Fils.)* Il faudrait que vous commenciez par le renvoyer, lui!

LE FILS, *se dirigeant avec décision*
vers l'un des petits escaliers.

Mais tout de suite! Très heureux! Je ne demande pas mieux!

5

LE DIRECTEUR, *vivement, le retenant.*

Non! Où allez-vous? Attendez!

> *La Mère se lève, bouleversée, angoissée à la pensée
> que le Fils s'en va vraiment et, instinctivement, bien
> que sans bouger de sa place, elle tend les bras pour le
> retenir.*

LE FILS, *qui est arrivé à la rampe,*
au Directeur qui le retient.

Moi, je n'ai vraiment rien à faire ici! Laissez-moi partir,
je vous en prie! Laissez-moi partir!

LE DIRECTEUR

Comment ça, vous n'avez rien à faire ici?

LA BELLE-FILLE, *placidement mais avec ironie.*

Ne le retenez donc pas! Il ne s'en ira pas!

LE PÈRE

Il faut qu'il ait la terrible scène du jardin avec sa mère!

LE FILS, *vivement, avec décision et violence.*

Moi, pas question! Et je l'ai déclaré dès le début! *(Au
Directeur :)* Laissez-moi partir!

LA BELLE-FILLE, *accourant, au Directeur.*

Vous permettez, monsieur? *(Le forçant à baisser les bras
et à lâcher le Fils :)* Lâchez-le! *(Puis au Fils, dès que le
Directeur l'a lâché :)* Eh bien, va-t'en! *(Le Fils reste tendu
vers le petit escalier, mais, comme enchaîné par un pouvoir
occulte, il ne peut pas en descendre les marches; puis, au
milieu de la stupeur et de l'effarement angoissé des Acteurs, il
longe lentement la rampe, en direction de l'autre petit escalier
du plateau; arrivé là, il y reste aussi, tendu en avant, sans
pouvoir descendre. La Belle-fille qui l'aura suivi des yeux,*

dans une attitude de défi, éclate de rire :) Il ne peut pas, vous voyez? il ne peut pas! Il est forcé de rester là, lié à sa chaîne, indissolublement. Mais si moi qui prends mon vol, monsieur, lorsque arrive ce qui doit arriver — et cela précisément à cause de la haine que j'éprouve pour lui, précisément pour ne plus l'avoir devant les yeux — eh bien, si moi, je suis encore là et si je supporte encore sa vue et sa compagnie — pensez un peu s'il pourrait s'en aller, lui qui doit, qui doit vraiment rester là, avec son joli père et avec cette mère qui n'aura plus d'autre enfant que lui... *(A la Mère :)* Allons, allons, maman! Viens... *(Au Directeur, la lui montrant :)* Regardez, elle s'était levée, elle s'était levée pour le retenir... *(A la Mère, la faisant venir à elle comme par magie :)* Viens, viens donc... *(Puis, au Directeur :)* Je vous laisse à penser le déchirement que cela peut être pour elle que d'avoir à laisser voir à vos acteurs ce qu'elle éprouve; mais l'ardent désir qu'elle a de s'approcher de lui est tel que — tenez, vous voyez? — elle est prête à vivre sa scène!

> *De fait, la Mère s'est approchée et, dès que la Belle-fille a prononcé ces derniers mots, elle ouvre les bras pour dire qu'elle est d'accord.*

LE FILS, *vivement.*

Ah, mais pas moi! Pas moi! Si je ne peux pas m'en aller, je resterai ici, mais, je vous le répète, moi, je ne vivrai pas la moindre scène!

LE PÈRE, *au Directeur, frémissant.*

Vous, monsieur, vous pouvez l'y obliger!

LE FILS

Personne ne peut m'y obliger!

LE PÈRE

Moi, je vais t'y obliger!

LA BELLE-FILLE

Attendez! Attendez! D'abord, la scène de la fillette au
bassin! *(Elle court chercher la Fillette et, s'agenouillant
devant elle, elle lui prend dans les mains son petit visage.)*
Ma pauvre petite chérie, toi, tu regardes tout ça, éperdue,
avec tes grands beaux yeux : Dieu sait où tu crois être!
Nous sommes sur un plateau de théâtre, ma chérie!
Qu'est-ce que c'est, un plateau? Mais, tu vois? c'est un
lieu où l'on joue à jouer pour de vrai. On y joue la
comédie. Et nous deux, maintenant, on va jouer la
comédie. Pour de vrai, tu sais! Toi aussi... *(Elle l'étreint,
la serrant sur sa poitrine et la berçant un peu.)* Oh, ma
petite chérie, ma petite chérie, la vilaine comédie que tu
vas jouer! l'horrible chose qu'on a imaginée pour toi! Ce
jardin, ce bassin... Oh, bien sûr, ce n'est pas un vrai
bassin! Le malheur, ma chérie, c'est qu'ici tout est faux!
Ah, mais oui, peut-être que toi, ma petite Rosetta, qui es
une enfant, tu aimes mieux un faux bassin qu'un vrai :
pour pouvoir jouer dedans, hein? Mais non, pour les
autres ce sera un jeu, mais, hélas! pas pour toi qui es vraie,
mon amour, et qui joues pour de vrai dans un vrai bassin,
un grand bassin, tout vert, avec des tas de bambous qui y
font de l'ombre, et avec des tas, des tas de petits canards
qui nagent dessus, fendant cette ombre... Toi, tu voudrais
en attraper un de ces petits canards... *(Dans un hurlement
qui emplit tout le monde d'effroi :)* Non, ma petite Rosetta,
non! A cause de sa canaille de fils, maman ne s'occupe pas
de toi! Et moi, je suis avec tous mes démons dans la tête...
Et celui-là... *(Abandonnant la Fillette, elle s'adresse avec
son habituelle mauvaise humeur à l'Adolescent :)* Qu'est-ce
que tu fabriques là, avec cet éternel air de mendiant? Ce
sera aussi par ta faute si cette petite se noie : à cause de ton
attitude, comme si moi, en vous faisant entrer dans cette
maison, je n'avais pas payé pour tous! *(Le saisissant par un*

bras pour le forcer à tirer une main de sa poche :) Qu'est-ce que tu as dans ta poche? Qu'y caches-tu? Allons, sors ta main de ta poche! *(Lui arrachant la main de sa poche, elle s'aperçoit, au milieu de l'horreur générale, que cette main tient un revolver. Elle le regarde un instant comme satisfaite, puis dit, sombre :)* Ah! Où et comment te l'es-tu procuré? *(Et, comme l'Adolescent, effrayé, et toujours avec des yeux écarquillés et vides, ne répond pas :)* Idiot, moi, à ta place, au lieu de me tuer, j'aurais tué l'un de ces deux-là ou bien tous les deux : le père et le fils!

> *Elle le repousse derrière le petit cyprès où il se tenait aux aguets, puis, prenant la Fillette, elle la couche dans le bassin, l'étendant de telle sorte qu'on ne puisse plus la voir ; finalement, elle s'effondre, le visage dans ses bras appuyés au rebord du bassin.*

LE DIRECTEUR

Parfait! *(Au Fils :)* Et vous, en même temps...

LE FILS, *avec colère.*

Qu'est-ce que vous me chantez, en même temps? Ce n'est pas vrai, monsieur! Il n'y a jamais eu la moindre scène entre elle et moi! *(Il montre la Mère.)* Demandez-lui de vous dire elle-même comment ça s'est passé.

> *Cependant, le Grand Second Rôle féminin et le Jeune Premier se seront détachés du groupe des Acteurs, et la première se sera mise à observer très attentivement la Mère qui sera en face d'elle, et le second le Fils, afin de pouvoir ensuite interpréter leurs rôles.*

LA MÈRE

Oui, monsieur, c'est la vérité! Moi, j'étais entrée dans sa chambre.

LE FILS

Vous avez entendu, dans ma chambre! Pas au jardin!

LE DIRECTEUR

Mais c'est sans importance! J'ai dit qu'il fallait grouper l'action!

LE FILS, *s'apercevant que le Jeune Premier l'observe.*

Qu'est-ce que vous voulez, vous?

LE JEUNE PREMIER

Rien; je vous observe.

LE FILS, *se tournant de l'autre côté,*
au Grand Second Rôle féminin.

Ah!... et vous aussi, vous êtes là? Pour interpréter son rôle?

Il montre la Mère.

LE DIRECTEUR

Tout juste! Tout juste! Et vous devriez leur être reconnaissants, il me semble, de l'attention qu'ils vous prêtent!

LE FILS

Ah, oui! Merci beaucoup! Mais vous n'avez donc pas encore compris que vous ne pouviez pas la faire, cette pièce? Nous autres, nous ne sommes pas en vous, et c'est de l'extérieur que vos acteurs nous regardent. Est-ce que vous croyez possible de vivre devant un miroir qui, de plus, non content de nous glacer par l'image de notre propre expression, nous la restitue comme une caricature méconnaissable de nous-mêmes?

LE PÈRE

C'est vrai ça! C'est bien vrai! Soyez-en persuadé!

LE DIRECTEUR, *au Jeune Premier*
et au Grand Second Rôle féminin.

Bon. Allez-vous-en de là!

LE FILS

C'est inutile! Moi, je refuse de m'exhiber!

LE DIRECTEUR

Pour le moment, taisez-vous, et laissez-moi ecouter votre mère! *(A la Mère :)* Donc? Vous étiez entrée?

LA MÈRE

Oui, monsieur, dans sa chambre, n'y tenant plus. Pour vider mon cœur de toute l'angoisse qui m'oppresse. Mais aussitôt qu'il me voit entrer...

LE FILS

... pas l'ombre d'une scène! Je suis parti; je suis parti justement pour éviter une scène! Parce que moi, je n'ai jamais eu de scène avec personne; vous avez compris?

LA MÈRE

C'est vrai! C'est ainsi. C'est bien ainsi!

LE DIRECTEUR

Mais, maintenant, il va pourtant falloir qu'elle ait lieu, cette scène entre vous et lui! Elle est indispensable!

LA MÈRE

Quant à moi, monsieur, je suis prête! Si seulement vous pouviez me donner la possibilité de pouvoir lui parler un instant, de pouvoir lui dire tout ce que j'ai dans le cœur.

LE PÈRE, *s'approchant du Fils, très violemment.*

Tu vas l'avoir, cette scène! pour ta mère! pour ta mère!

LE FILS, *plus décidé que jamais.*

Pas question!

LE PÈRE, *le prenant à bras-le-corps et le secouant.*

Bon Dieu, obéis! Obéis! Tu n'entends pas comme elle te parle? Tu n'as donc pas d'entrailles?

LE FILS, *le prenant lui aussi à bras-le-corps.*

Non! Non! et finis-en une bonne fois!

Émotion générale. La Mère, épouvantée, essaie de s'interposer et de les séparer.

LA MÈRE

Je vous en prie! Je vous en prie!

LE PÈRE, *sans le lâcher.*

Tu vas obéir! Tu vas obéir!

LE FILS, *se colletant avec lui et, finalement, au milieu de l'horreur générale, le jetant par terre, près de l'un des petits escaliers.*

Mais qu'est-ce que c'est que cette frénésie qui t'a pris? Il faut ne pas avoir la moindre pudeur pour étaler ainsi devant tout le monde sa honte et la nôtre! Moi, je refuse de me prêter à cette exhibition! je m'y refuse! Et c'est ainsi que j'interprète la volonté de celui qui n'a pas voulu nous porter à la scène!

LE DIRECTEUR

Mais puisque vous y êtes tous venus de vous-mêmes!

LE FILS, *montrant du doigt le Père.*

Lui, pas moi!

LE DIRECTEUR

Et vous n'êtes pas là, vous aussi?

LE FILS

C'est lui qui a voulu venir, nous entraînant tous à sa suite et s'employant aussi à combiner tout à l'heure avec vous non seulement ce qui est réellement arrivé, mais aussi, comme si ça ne suffisait pas, ce qui n'est jamais arrivé!

LE DIRECTEUR

Mais alors, vous, dites-moi au moins ce qui est arrivé! Dites-le-moi à moi! Vous êtes sorti de votre chambre sans rien dire?

LE FILS, *après un instant d'hésitation.*

Rien. Justement parce que je voulais éviter une scène!

LE DIRECTEUR, *le pressant.*

Et alors, et ensuite? qu'avez-vous fait?

LE FILS, *au milieu de l'attention angoissée de tous,
faisant quelques pas sur le proscenium.*

Rien... En traversant le jardin...

Il s'interrompt, sombre et pensif.

LE DIRECTEUR, *le pressant de plus en plus de parler,
impressionné par son silence.*

Eh bien? en traversant le jardin?

LE FILS, *exaspéré, se cachant le visage avec un bras.*

Mais pourquoi voulez-vous m'obliger à parler, monsieur? C'est horrible!

La Mère, tremblant tout entière, poussant des

*gémissements étouffés, regarde dans la direction du
bassin.*

LE DIRECTEUR, *remarquant ce regard, bas, au Fils,
avec une appréhension grandissante.*

La petite fille?

LE FILS, *regardant devant lui, dans la salle.*

Là, dans le bassin...

LE PÈRE, *qui est toujours par terre,
montrant la Mère avec pitié.*

Et elle le suivait, monsieur!

LE DIRECTEUR, *anxieusement, au Fils.*

Et alors, vous?

LE FILS, *lentement, toujours sans regarder devant lui.*

Je suis accouru; je me suis précipité pour la repêcher...
Mais, soudain, je me suis arrêté, parce que derrière ces
arbres, je venais de voir une chose qui m'a glacé : ce
garçon, ce garçon qui était là, immobile, regardant avec
des yeux de fou sa petite sœur noyée dans le bassin. *(La
Belle-fille, qui est restée penchée près du bassin pour cacher la
Fillette, répond comme un écho venu du fond de celui-ci en
sanglotant éperdument.)* J'ai fait mine de m'approcher; et
alors...

*Un coup de revolver retentit derrière les arbres, là
où l'Adolescent est resté caché.*

LA MÈRE, *poussant un cri déchirant et accourant avec le Fils
et tous les Acteurs, au milieu de l'émotion générale.*

Mon fils! Mon fils! *(Et puis au milieu de la confusion et
des cris décousus des autres :)* Au secours! Au secours!

LE DIRECTEUR, *au milieu des cris, essayant de se frayer un passage, cependant que l'Adolescent, soulevé par la tête et les pieds, est transporté derrière la toile de fond blanche.*

Il s'est blessé? il s'est vraiment blessé?

> *Tous, à l'exception du Directeur et du Père toujours par terre près du petit escalier, ont disparu derrière la toile de fond et y resteront un instant, chuchotant avec angoisse. Puis, venant d'un côté et de l'autre de la toile de fond, les Acteurs reviennent en scène.*

LE GRAND PREMIER RÔLE FÉMININ,
rentrant par la droite, douloureusement.

Il est mort! Le pauvre garçon! Il est mort! Oh, quelle histoire!

LE GRAND PREMIER RÔLE MASCULIN,
rentrant par la gauche, riant.

Mort? Mais non! C'est de la fiction! de la fiction! Ne vous y laissez pas prendre!

D'AUTRES ACTEURS, *rentrant par la droite.*

De la fiction? Une réalité! une réalité! Il est mort!

D'AUTRES ACTEURS, *rentrant par la gauche.*

Non! C'est de la fiction! De la fiction!

LE PÈRE, *se relevant et criant au milieu d'eux.*

Qu'est-ce que vous me racontez avec votre fiction! C'est une réalité, mesdames et messieurs! une réalité!

> *Et lui aussi disparaît, désespéré, derrière la toile de fond.*

LE DIRECTEUR, *qui en a assez.*

Fiction! réalité! Allez au diable, tous autant que vous

êtes! Lumière! Lumière! Lumière! *(Soudain, le plateau du théâtre et la salle du théâtre tout entière sont inondés d'une très vive lumière. Le Directeur respire, comme libéré d'un cauchemar, et ils se regardent tous dans les yeux, indécis et troublés.)* Ah! C'est bien la première fois qu'une pareille chose m'arrive! Ils m'ont fait perdre une journée! *(Consultant sa montre :)* Vous pouvez vous en aller! Qu'est-ce que vous voudriez qu'on fasse maintenant? Il est trop tard pour reprendre la répétition. A ce soir! *(Et aussitôt que les Acteurs sont partis, après lui avoir dit au revoir :)* Eh, électro, éteins tout! *(Il n'a pas fini de dire cela que, pendant un instant, le théâtre est plongé dans la plus complète obscurité.)* Oh, quoi, bon Dieu! Laisse-moi au moins un service, que je voie où je mets les pieds!

> *Sur-le-champ, comme par une erreur de manœuvre, s'allume derrière la toile de fond un projecteur vert qui fera apparaître, grandes et nettes, les ombres des Personnages, moins celles de l'Adolescent et de la Fillette. A cette vue, le Directeur s'enfuit du plateau en courant, terrifié. Simultanément le projecteur vert s'éteint et l'effet de nuit précédent est redonné sur le plateau. Lentement, entrant par le côté droit de la toile de fond, apparaît d'abord le Fils, suivi de la Mère tendant les bras vers lui; puis, entrant par la gauche, le Père. Ils s'arrêtent à peu près au second plan, restant là comme des formes de rêve. La Belle-fille qui paraît en dernier, venant de la gauche, se dirige en courant vers l'un des petits escaliers : elle s'arrête un instant sur la première marche pour regarder les trois autres Personnages et éclate d'un rire strident; après quoi elle se précipite dans la salle par le petit escalier; elle parcourt rapidement l'allée centrale, s'arrête une fois encore et rit de nouveau en regardant les trois*

Personnages restés sur le plateau, puis elle quitte la salle et l'on entendra encore, venant du foyer, son rire. Et, peu après, tombera le

RIDEAU

La volupté
de l'honneur

Traduction d'André Bouissy.

PERSONNAGES

ANGELO BALDOVINO.

AGATA RENNI.

MME MADDALENA, *sa mère*.

Le marquis FABIO COLLI.

MAURIZIO SETTI, *son cousin*.

LE CURÉ DE SANTA MARTA.

MARCHETTO FONGI, *agent de change*.

PREMIER ADMINISTRATEUR.

DEUXIÈME ADMINISTRATEUR.

TROISIÈME ADMINISTRATEUR.

QUATRIÈME ADMINISTRATEUR.

UNE FEMME DE CHAMBRE.

UN DOMESTIQUE.

LA NOURRICE *(personnage muet)*.

Dans une ville de l'Italie centrale.
De nos jours.

NOTES POUR LA REPRÉSENTATION

ANGELO BALDOVINO : la quarantaine ; grave ; des cheveux tirant sur le roux, toujours en désordre ; une barbe courte plutôt hirsute, roussâtre ; le regard pénétrant ; une élocution assez lente, une voix profonde. Il porte un habit taillé dans un lourd tissu marron et tient presque toujours entre ses doigts un lorgnon. La mise négligée, l'air, la façon de parler et de sourire dénotent la vie déréglée d'un homme qui a gardé, bien cachés en lui-même, les très amers souvenirs d'anciens orages dont il a tiré une étrange philosophie, pleine tout à la fois d'ironie et d'indulgence. Ceci tout particulièrement au cours du premier acte et, en partie, au cours du troisième. Au second acte, il apparaît, extérieurement du moins, transformé : d'une sobre élégance ; désinvolte mais avec dignité, un vrai « gentleman » ; barbe et cheveux soignés ; plus de lorgnon à la main.

AGATA RENNI : vingt-sept ans ; altière, comme durcie par l'effort qu'elle fait pour empêcher l'effondrement de son honneur. Désespérée et révoltée au premier acte, elle ira ensuite avec droiture et fierté vers un destin accepté.

MME MADDALENA : cinquante-deux ans ; élégante, encore belle mais résignée à son âge ; elle aime passionnément sa fille et ne voit que par ses yeux.

LE MARQUIS FABIO COLLI : quarante-trois ans ; poli, très comme il faut ; avec la dose de gaucherie qui prédispose certains hommes à être malheureux en amour.

MAURIZIO SETTI : trente-huit ans ; élégant et désinvolte ; la parole facile ; un homme du monde, aimant les aventures.

MARCHETTO FONGI : cinquante ans ; vieux renard ; courte silhouette louche, boiteuse, toute déjetée ; il n'en est pas moins subtil et n'est pas dépourvu d'esprit ni d'une certaine distinction.

ACTE PREMIER

Un salon élégant chez les Renni. Porte principale au fond. Porte latérale à droite. Fenêtre à gauche.

SCÈNE I

MAURIZIO SETTI, LA FEMME DE CHAMBRE,
puis MME MADDALENA

Au lever du rideau, la scène est vide. La porte du fond s'ouvre et la femme de chambre entre, introduisant Maurizio Setti.

LA FEMME DE CHAMBRE

Si monsieur veut s'asseoir... Je vais l'annoncer tout de suite.

Elle sort par la porte de droite. Peu après pénètre par la même porte Mme Maddalena, troublée, anxieuse.

MADDALENA

Bonjour, Setti. Eh bien?

MAURIZIO

Il est ici. Il est arrivé avec moi, ce matin.

MADDALENA

Et... vous êtes convenus de tout?

MAURIZIO

De tout.

MADDALENA

Tout a été expliqué, clairement?

MAURIZIO

Tout, oui, tout, n'ayez crainte.

MADDALENA, *hésitante.*

Mais... clairement, comment?

MAURIZIO

Mon Dieu, je lui ai dit... je lui ai dit la chose comme elle est.

MADDALENA, *hochant la tête, amèrement.*

La chose... eh, oui!

MAURIZIO

Il fallait bien la dire, chère madame!

MADDALENA

Oui... bien sûr... mais...

MAURIZIO

Soyez sûre d'ailleurs que la chose change, que son poids varie avec la qualité des gens, les circonstances, les conditions.

MADDALENA

Voilà, oui... C'est tout à fait ça!

MAURIZIO

Et j'ai bien insisté, rassurez-vous!

MADDALENA

Vous lui avez dit notre situation? qui est ma fille? Et... il a accepté? sans difficulté?

MAURIZIO

Sans difficulté, soyez tranquille!

MADDALENA

Ah! tranquille, mon ami? Comment être tranquille?... Mais comment est-il? Dites-moi au moins comment il est?

MAURIZIO

Mais... un bel homme. Oh, mon Dieu, je ne veux pas dire un Adonis. Un bel homme, vous verrez. Belle prestance. Un air de dignité mais sans affectation. Il est vraiment noble, de naissance... c'est un Baldovino.

MADDALENA

Mais les sentiments? C'est aux sentiments que je pensais...

MAURIZIO

Excellents, excellents, croyez-moi...

MADDALENA

Et il sait parler? Il sait parler... Je veux dire...

MAURIZIO

Oh, à Macerata, madame, dans toutes les Marches, on parle un très bon italien, croyez-moi.

MADDALENA

Non, je veux dire : est-ce qu'il parle décemment! Comprenez-moi... au fond, tout est là. Un mot déplacé, sans ce minimum de... *(elle effleure à peine les mots, comme si le seul fait de les proférer la blessait)* ce minimum de... Oh, mon Dieu, je ne sais vraiment comment m'exprimer...

Elle tire son mouchoir et se met à pleurer.

MAURIZIO

Allons, du courage, madame!

MADDALENA

Ce serait un coup de poignard pour ma pauvre Agata!

MAURIZIO

Vous pouvez être tout à fait tranquille à ce sujet, madame. Jamais un mot ne sortira de sa bouche qui ne soit parfaitement correct. Je le garantis. Il est très réservé. Mesuré. Je vous l'ai déjà dit : un gentleman. Et qui comprend les choses au vol. Ne craignez rien de ce côté-là. Je le garantis.

MADDALENA

Croyez-moi, mon cher Setti, je ne sais plus dans quel monde je vis. Je me sens perdue... je suis hébétée... Se trouver aussi brusquement devant une telle nécessité! Il me semble que c'est ce genre de catastrophes, vous savez, qui laissent la porte grande ouverte : n'importe quel étranger peut s'introduire et satisfaire sa curiosité.

MAURIZIO

Hélas, dans la vie...

MADDALENA

Et elle, ma fille, ma pauvre enfant! Elle qui a tant de cœur! Si vous la voyiez, si vous l'entendiez... C'est déchirant.

MAURIZIO

Je l'imagine. Croyez, madame, que je me suis employé de tout mon cœur à...

MADDALENA, *l'interrompant et lui serrant la main.*

Je le sais! je le sais! Vous voyez bien comme je vous parle? Parce que je sais que vous êtes de la famille : mieux qu'un cousin, un frère pour notre marquis...

MAURIZIO

Fabio est là?

MADDALENA

Oui, il est là. Probablement, il ne peut pas encore la laisser. Il faut la surveiller. A peine vous a-t-elle entendu annoncer qu'elle s'est précipitée vers la fenêtre.

MAURIZIO

Seigneur! A cause de moi?

MADDALENA

Non, pas à cause de vous! C'est parce qu'elle sait pourquoi vous êtes allé à Macerata et avec qui vous deviez revenir.

MAURIZIO

Mais alors, au contraire... ou je comprends mal ou il me semble que...

MADDALENA

Mais non! Pensez-vous! Elle pleure, elle se débat, elle est dans un état de désespoir à faire peur.

MAURIZIO

Pardonnez-moi, mais... c'est ce dont nous étions convenus, n'est-ce pas? Elle-même avait bien approuvé...?

MADDALENA

C'est vrai. Mais c'est justement pour ça!

MAURIZIO, *consterné.*

Elle ne veut plus?

MADDALENA

Il s'agit bien de vouloir! Est-ce qu'elle pourrait encore vouloir? Mais elle le doit, elle le doit; par force; il faut qu'elle le veuille...

MAURIZIO

Bien sûr... et qu'elle se fasse une raison!

MADDALENA

Oh! Setti, cette pauvre enfant en mourra!

MAURIZIO

Mais non, madame, vous verrez que...

MADDALENA

Elle en mourra! Si elle ne commence pas par commettre quelque folie... J'ai trop permis, je le reconnais. Mais j'avais confiance, je comptais sur la prudence de Fabio. *(A un geste de Maurizio :)* Vous ouvrez les bras? Eh oui! en effet, il ne reste plus qu'à ouvrir les bras, fermer les yeux et laisser entrer la honte.

MAURIZIO

Mais non, madame, ne parlez pas ainsi. Puisqu'on essaie de remédier...

MADDALENA, *couvrant son visage de ses mains.*

Non... vous, je vous en supplie, ne dites pas une chose pareille. C'est pire... Ah, croyez-moi, Setti, quel remords maintenant de ce qui n'a été, au début, que de la faiblesse! Je vous le jure!

MAURIZIO

Je le crois sans peine, madame.

MADDALENA

Mais vous ne pouvez pas comprendre! Vous êtes un homme, vous, et même pas un père! Vous ne pouvez pas comprendre le déchirement, pour une mère, de voir sa fille avancer en âge, commencer à perdre la première fleur de la jeunesse... On n'a plus le courage de déployer cette rigueur que la prudence conseille... je dirai même que l'honneur exige! Ah, l'honneur, quelle dérision, mon cher Setti, à certains moments! Quels mots viendraient encore aux lèvres d'une mère qui, bien ou mal, est allée dans le monde... a aimé... quand les yeux de sa fille se tournent vers elle comme pour implorer la pitié! Pour ne pas céder ouvertement nous faisons semblant de ne rien voir; et cette feinte et notre silence deviennent complices... jusqu'à ce qu'on en vienne... où nous sommes arrivés! Mais j'espérais, je le répète, que Fabio serait prudent!

MAURIZIO

Eh... mais la prudence, chère amie...

MADDALENA

Je sais! Je sais!

MAURIZIO

S'il avait pu, lui-même...

MADDALENA

Je sais... Je le vois... Il est comme fou lui aussi, le pauvre! D'ailleurs s'il n'avait pas été l'honnête homme qu'il est, croyez-vous que tout cela serait arrivé?

MAURIZIO

Fabio est si bon!

MADDALENA

Et nous le savions malheureux, séparé d'une femme indigne. Vous voyez, c'est cette raison, justement cette raison-là, qui aurait dû nous empêcher d'aller si loin, qui nous y a poussées. N'êtes-vous pas sûr — dites-le-moi en toute conscience — que si Fabio avait été libre, il aurait épousé ma fille?

MAURIZIO

Oh! sans aucun doute.

MADDALENA

Dites-le-moi, dites-le-moi en conscience! je vous en prie!

MAURIZIO

Mais ne voyez-vous pas vous-même, chère madame, comme il en est épris? et dans quel état il se trouve maintenant?

MADDALENA

C'est vrai? C'est bien vrai? Vous ne pouvez savoir quelle consolation peut donner le plus petit témoignage, dans un moment pareil!

MAURIZIO

Mais que dites-vous là, madame, et qu'allez-vous penser? J'ai pour vous, pour Mlle Agata, le plus grand respect, la considération la plus sincère, la plus dévouée.

MADDALENA

Merci! Merci!

MAURIZIO

Je vous prie de me croire. Je n'aurais jamais, sans cela, pris tant d'intérêt...

MADDALENA

Merci, Setti. Voyez-vous, quand une femme, une pauvre jeune fille a attendu pendant des années, en restant honnête, un compagnon pour la vie, sans le trouver, et qu'elle finit par rencontrer un homme qui mériterait tout son amour; et qu'elle apprend que cet homme a été injustement bafoué, tourmenté, offensé par une autre femme, voyez-vous, elle ne peut résister à l'impulsion spontanée de lui démontrer que toutes les femmes ne sont pas comme celle-là; qu'il en existe au moins une qui sache répondre à l'amour par l'amour et apprécier la chance que l'autre a foulée aux pieds.

MAURIZIO

Eh oui! Pauvre Fabio! Foulée aux pieds! C'est bien le mot, madame. Il ne méritait pas ça.

MADDALENA

La raison dit : « Non, tu ne peux pas, tu ne dois pas. » Elle le dit à son cœur à elle, mais aussi au cœur de l'homme, s'il est honnête, et à celui de la mère qui les observe tous les deux, rongée d'inquiétude. Pendant quelque temps encore on se taira. On écoute la raison, on étouffe sa peine.

MAURIZIO

Puis arrive un moment...

MADDALENA

Il arrive en effet! Ah, il arrive insidieusement! C'est une soirée délicieuse de mai! La maman se met à la fenêtre. Dehors ce ne sont que fleurs et étoiles. Au-dedans l'angoisse, la tendresse la plus désolée. Et cette mère crie au-dedans d'elle-même : « Mais qu'elles soient aussi pour mon enfant, une fois, au moins une fois, toutes ces étoiles et toutes ces fleurs! » Et elle reste là, dans l'ombre, montant la garde, protégeant un crime que toute la nature alentour conseille, que demain les hommes et notre propre conscience condamneront, mais qu'à cet instant on est heureux de laisser s'accomplir, comme si nos sens eux-mêmes y trouvaient une étrange satisfaction, avec un orgueil qui défie la condamnation, dût-on la subir dès le lendemain à travers mille tourments! C'est ainsi, mon cher Setti!... Je ne mérite pas d'excuse, mais de la compassion, oui. On devrait mourir, après ça! Eh bien, on ne meurt pas. La vie continue et elle a besoin, pour se maintenir, de toutes ces choses que nous avions, rien qu'un instant, jetées par-dessus bord.

MAURIZIO

Oui, madame. C'est bien ça. Mais ce qu'il faut, avant tout, c'est du calme. Vous reconnaissez vous-même que jusqu'ici, tous trois, vous d'un côté, Fabio et Mlle Agata de l'autre, vous avez fait la part trop belle au sentiment.

MADDALENA

Ah! trop belle, oui, beaucoup trop!

MAURIZIO

Eh bien, maintenant il faut contenir le sentiment, le refouler, pour faire place à la raison, hein?

MADDALENA

Oui, oui.

MAURIZIO

Pour faire face à une nécessité qui n'admet pas de retard! Donc... Ah, voilà Fabio.

SCÈNE II

LES MÊMES, *le marquis* FABIO

FABIO, *entrant par la porte de droite,
anxieux, désespéré, bouleversé, à* Mme *Maddalena.*

Je vous en prie, allez, allez à côté! Ne la laissez pas seule!

MADDALENA

J'y vais, oui... Mais il paraît que...

FABIO

Allez, je vous en prie...

MADDALENA

Oui, oui... *(A Maurizio :)* Excusez-moi.

Elle sort par la porte de droite.

SCÈNE III

FABIO *et* MAURIZIO

MAURIZIO

Mais enfin, toi aussi, dans cet état?...

FABIO

Je t'en prie, Maurizio, ne me dis rien! Tu crois, toi, avoir découvert le remède? Veux-tu que je te dise ce que tu as fait? Tu n'as rien fait de plus que farder le malade.

MAURIZIO

Moi?

FABIO

Toi, oui! L'apparence de la santé!

MAURIZIO

Mais c'est toi-même qui l'as demandé! Oh, entendons-nous bien! Je n'ai aucun goût pour le rôle de sauveteur, moi!

FABIO

Je souffre, je souffre, Maurizio! Je souffre les peines de l'enfer pour cette pauvre créature et pour moi-même! Et c'est justement ton remède qui me les inflige. C'est le bon remède, j'en conviens, et c'est précisément parce que je le

crois bon, tu comprends? Mais c'est un remède extérieur.
Il ne peut sauver que les apparences et rien d'autre!

MAURIZIO

Elles ne comptent plus pour rien, maintenant? Il y a
quatre jours, tu étais désespéré à cause de ces apparences
qu'il fallait sauver! Mais dès que tu en as la possibilité...

FABIO

... c'est ma douleur qui me saute aux yeux! Ça ne te
semble pas naturel?

MAURIZIO

Non, mon cher. Parce que ainsi vous ne les sauverez
plus! Il faut qu'existe une apparence? Alors il faut vous la
donner à vous-même... Tu ne te vois pas. Moi, je te vois.
Et je dois te secouer, te faire violence, te tirer de là... te
farder, comme tu dis! Il est là, nous sommes arrivés
ensemble. Puisqu'il faut faire vite...

FABIO

Oui, oui?... Dis-moi, dis vite... mais après tout, à quoi
bon! Tu l'as prévenu que je ne lui laissais pas la
disposition d'un seul centime?

MAURIZIO

Je le lui ai dit.

FABIO

Et il accepte?

MAURIZIO

Puisqu'il est ici avec moi! Seulement, pour être tout
à fait en mesure de s'acquitter des obligations qu'il a
contractées envers toi, étant donné les conditions, il

6

demande — et cela me semble juste — la liquidation de
son passé. Il a quelques dettes.

FABIO

Combien? Beaucoup? Oh! je n'en doute pas!

MAURIZIO

Non, non, peu! Bon Dieu, tu le voudrais sans dettes
par-dessus le marché! Il en a peu. Mais je dois préciser —
c'est lui-même, note bien, qui m'a recommandé d'ajouter
cette précision — que s'il a si peu de dettes ce n'est pas
que l'envie lui ait manqué d'en faire, mais faute de crédit
de la part des autres.

FABIO

Ah, très bien.

MAURIZIO

C'est un aveu honnête! Tu comprends que s'il jouissait
encore de quelque crédit...

FABIO, *se prenant la tête entre les mains.*

Assez! assez, par pitié! Répète-moi le discours que tu
lui as tenu. Il est mal habillé? Comment est-il? En
mauvaise santé?

MAURIZIO

Je l'ai trouvé un peu plus mal en point que la dernière
fois. Mais à cela on peut remédier. Je l'ai déjà fait, au
moins en partie. C'est un homme, vois-tu, sur lequel le
moral influe beaucoup. Les mauvaises actions qu'il se voit
contraint de commettre...

FABIO

Il joue? Il triche? Il vole? Qu'est-ce qu'il fait?

MAURIZIO

Il jouait. Voilà un bout de temps qu'on ne l'admet plus dans les salles de jeu. Son amertume faisait peine à voir. Je me suis promené avec lui toute une nuit, sur le cours, le long des remparts... Es-tu jamais allé à Macerata?

FABIO

Moi? Non.

MAURIZIO

Je t'assure que c'a été pour moi une nuit fantastique, dans le scintillement de myriades de lucioles, sur ce cours, à côté de cet homme qui parlait avec une sincérité effrayante. Et comme ces lucioles devant les yeux, il faisait jaillir devant ton esprit, venues des profondeurs les plus obscures de son âme, les pensées les plus inattendues. Il me semblait, comment dire, que je n'étais plus sur la terre, mais au pays des songes, un pays étrange, lugubre, mystérieux, où il circulait en maître, où les choses les plus bizarres, les plus invraisemblables pouvaient arriver et paraître normales et familières. Il s'en est aperçu — il s'aperçoit de tout — il a souri et m'a parlé de Descartes.

FABIO, *stupéfait.*

De qui?

MAURIZIO

De Descartes, le philosophe. C'est qu'il est aussi — tu t'en apercevras — d'une culture, et particulièrement d'une culture philosophique, formidable. Il m'a dit que Descartes...

FABIO

Mais, au nom du ciel, tu ne prétends pas que je m'intéresse à Descartes en ce moment?

MAURIZIO

Laisse-moi parler et tu verras que ça t'intéresse! Il m'a dit que Descartes, scrutant notre conscience de la réalité, eut une des plus terribles pensées qui se soient jamais présentées à l'esprit de homme : si les songes avaient de la régularité, nous ne saurions plus distinguer le sommeil de l'état de veille! As-tu jamais éprouvé ce trouble étrange quand un de tes rêves se répète plusieurs fois? Il devient presque impossible de ne pas croire que nous nous trouvons devant une réalité. Car toute notre connaissance du monde tient à ce fil des plus ténus : la ré-gu-la-ri-té de nos expériences. Nous qui avons cette régularité nous ne pouvons deviner quelles choses peuvent être réelles, vraisemblables pour qui vit hors de toute règle, comme cet homme-là! Quand je t'aurai dit qu'à un certain moment il me fut extrêmement facile de lui faire ma proposition!... Il échafaudait des projets qui lui paraissaient, à lui, tout à fait raisonnables et à moi sans queue ni tête et absolument irréalisables, si bien que ma proposition devint tout à coup, comprends-tu, d'une aisance, d'une simplicité sans pareilles; si raisonnable que n'importe qui aurait pu l'accepter. Tu vas tomber des nues, mais ce n'est pas moi qui ai parlé le premier de la question d'argent, mais lui, en proclamant qu'on le vexerait, que d'argent, pas question!... il ne voulait même pas en voir la couleur. Et sais-tu pourquoi?

FABIO

Pourquoi?

MAURIZIO

Parce qu'il soutient qu'il est plus facile d'être un héros qu'un honnête homme. Héros nous pouvons l'être une fois par hasard; honnête homme il faut l'être toujours. Et ce n'est pas facile.

FABIO

Ah! *(Inquiet, agité, sombre, il se met à faire les cent pas dans la pièce.)* C'est... c'est donc un homme très doué, à ce qu'il paraît?

MAURIZIO

Ah, ça oui! Très, très doué.

FABIO

Mais il n'a pas fait un très bon usage de ces dons, apparemment!

MAURIZIO

Très, très mauvais. Et cela, dès l'enfance. Nous avons été, comme tu le sais, camarades de collège. Ses dons auraient pu le mener aussi loin qu'il aurait voulu. Il n'a jamais étudié que ce qui lui plaisait et pouvait le moins lui servir. Il prétend que l'éducation est l'ennemie de la sagesse, parce qu'elle rend nécessaire un tas de choses dont, pour être sages, nous devrions nous passer. Il a eu une éducation de grand seigneur et aussi des goûts, des habitudes, des ambitions et même des vices... Et puis, les hasards de la vie... la débâcle financière de son père... et puis, et puis... rien d'étonnant à tout ça!

FABIO, *recommençant sa promenade.*

Et... c'est aussi un bel homme, m'as-tu dit?

MAURIZIO

Oui, belle prestance... Qu'est-ce qu'il y a? *(Il rit.)* Dis-moi un peu : est-ce que tu ne commencerais pas un tout petit peu, si peu que rien, à craindre que j'aie trop bien choisi?

FABIO

Mais que vas-tu penser? Je vois... je vois du... du superflu, voilà tout! Des dons extraordinaires, de la culture...

MAURIZIO

Philosophique! Ce qui, en l'occurrence, ne me semble pas superflu!

FABIO

Maurizio, au nom du ciel, ne plaisante pas! Je suis sur des charbons ardents! J'aurais voulu moins, quoi! Un homme modeste, comme il faut...

MAURIZIO

Et qu'on aurait découvert sur-le-champ? Et qui n'aurait pas eu l'apparence qui convenait? Car enfin tu permets! Il fallait aussi tenir compte de la maison dans laquelle il doit entrer... Un homme médiocre, plus très jeune, aurait inspiré des soupçons... Il fallait un homme de valeur capable d'inspirer respect et considération... Tel, en somme, que les gens, demain, puissent s'expliquer pourquoi Mlle Renni a pu l'accepter pour époux... Et je suis sûr que...

FABIO

Que?

MAURIZIO

Qu'elle l'acceptera; et même qu'elle me remerciera un peu mieux que tu ne le fais!

FABIO

Ah, oui! Elle te remerciera... Si tu l'entendais! *(Faisant allusion à Baldovino :)* Lui as-tu dit qu'on devait agir au plus vite?

MAURIZIO

Bien sûr. Tu verras : il saura tout de suite se rendre familier.

FABIO

Qu'entends-tu par là?

MAURIZIO

Eh, mon Dieu! au moins autant que vous voudrez bien le lui permettre!

SCÈNE IV

LES MÊMES, LA FEMME DE CHAMBRE
puis MME MADDALENA

LA FEMME DE CHAMBRE, *accourant par la porte de droite.*

Madame demande à monsieur le marquis de venir un instant...

FABIO

Mais je ne peux pas, maintenant! Je dois sortir avec mon cousin *(A Maurizio :)* Il faut que je le voie... que je lui parle. *(A la femme de chambre :)* Dites à Madame de patienter un peu; maintenant, je ne peux pas!

LA FEMME DE CHAMBRE

Bien, monsieur.

Elle sort.

MAURIZIO

Il est là, à deux pas, au premier hôtel... Mais dans cet état?

FABIO

Je deviens fou... Je deviens fou. Entre elle, là, qui pleure... et toi, ici, qui me dis...

MAURIZIO

Remarque qu'il n'y a jusqu'ici aucun engagement! Et si tu ne veux pas...

FABIO

Je veux le voir, je te dis, et lui parler!

MAURIZIO

Et alors, allons-y, qu'est-ce que tu attends? Je te dis qu'il est là, à deux pas!

MADDALENA, *survenant très agitée.*

Fabio! Fabio! Venez! Ne me laissez pas seule en ce moment, je vous en supplie!

FABIO

Oh! Seigneur, Seigneur!

MADDALENA

C'est une crise terrible. Venez, je vous en conjure!

FABIO

Mais puisque je dois...

MAURIZIO

Eh, non! Va, va maintenant...

MADDALENA

Oui, Fabio, je vous en supplie!

MAURIZIO

Veux-tu que je te l'amène ici? Sans engagement. Tu lui parleras ici. Cela vaudra mieux peut-être, et aussi pour Mlle Renni.

FABIO

C'est ça, oui, va. Mais sans engagement, tu entends! Et après qu'il aura parlé avec moi!

Il sort par la porte de droite.

MAURIZIO *lui crie.*

Mais oui! dans deux minutes. Je ne fais qu'aller et venir...

Il sort par la porte du vestibule.

MADDALENA, *de loin, à Maurizio.*

Avec lui? Ici?

Elle se dirige vers la porte de droite lorsque surviennent Agata et Fabio.

SCÈNE V

AGATA, FABIO *et* MADDALENA

AGATA, *échevelée, hors d'elle, se débattant pour échapper à Fabio.*

Laisse-moi, non, laisse-moi! Laisse-moi partir! Loin... loin...

MADDALENA

Mon enfant, où veux-tu aller?

AGATA

Je ne sais pas! Loin!

FABIO

Agata! Agata! Par pitié!

MADDALENA

Mais c'est de la folie!

AGATA

Laissez-moi! Devenir folle ou mourir! Il n'y a pas d'autre issue pour moi! Je n'en peux plus!

Elle se laisse tomber sur une chaise.

MADDALENA

Mais attends au moins que Fabio le voie! qu'il lui parle! que tu l'aies vu toi aussi!

AGATA

Non! Moi? non! Vous ne comprenez donc pas que ça me fait horreur! que c'est monstrueux ce que vous voulez faire de moi?

MADDALENA

Mais comment! Mais si toi-même, mon enfant...

AGATA

Non! Je ne veux pas! Je ne veux pas!

FABIO, *désespéré, résolument.*

Eh bien, non! Si tu ne veux pas, non! Moi non plus, je n'y consens pas! Oui, c'est monstrueux! et ça me fait horreur à moi aussi! Mais auras-tu le courage, alors, de faire face avec moi à la situation?

MADDALENA

Mais enfin, Fabio, que dites-vous là? Vous êtes un homme et vous pouvez vous moquer du scandale, vous! Nous sommes deux pauvres femmes seules et la honte retomberait sur nous! Il s'agit ici de choisir le moindre de deux maux! Entre la honte devant tous...

AGATA, *aussitôt.*

Et la honte devant un seul, n'est-ce pas? Ma honte à moi seule! Mais c'est moi qui devrai rester avec cet homme! le voir devant moi, cet homme qui doit être vil, oui vil, s'il se prête à ça. *(Elle bondit vers la porte du vestibule, au fond de la scène. Les deux autres essaient de la retenir.)* Non, non, je ne veux pas! Je ne veux pas le voir! Laissez-moi m'en aller! Laissez-moi m'en aller!

MADDALENA

Mais où? Et que veux-tu faire? Affronter le scandale? Si c'est ça que tu veux, moi... moi...

AGATA *l'embrasse et éclate en sanglots, éperdument.*

Non... pour toi, maman!... non, non... pour toi...

MADDALENA

Pour moi? Mais non! Que dis-tu là? Pour moi? Ne pense pas à moi, ma fille! Nous n'avons pas à nous épargner de la douleur, l'une à l'autre! Ni à prendre la fuite... Nous devons rester ici, et souffrir ensemble tous les trois, et essayer de nous partager la peine, puisque le mal, nous l'avons fait tous les trois!

AGATA

Pas toi... Non, pas toi, maman!

MADDALENA

Moi, plus que toi, ma fille! Et je te jure que je souffre plus que toi!

AGATA

Non, maman! Car je souffre aussi pour toi!

MADDALENA

Et moi seulement pour toi. C'est pourquoi je souffre davantage. Je ne la divise pas, moi, ma peine, parce que je suis toute en toi, mon enfant! Attends... calme-toi... il s'agit de voir...

AGATA

Mais c'est horrible! C'est horrible!

MADDALENA

Je sais, mais voyons-le d'abord.

AGATA

Je ne peux pas, maman! Je ne peux pas!

MADDALENA

Mais si nous sommes là, nous, avec toi! Il n'y a pas de tromperie! Nous ne cachons rien! Nous restons là, nous, Fabio et moi, près de toi!

AGATA

Mais il vivra ici... est-ce que tu l'imagines? Ici, toujours, entre nous, Fabio, quelqu'un qui sait ce que nous cachons aux autres.

FABIO

Mais lui aussi aura intérêt à le cacher, pour lui-même et aussi à lui-même. Et il respectera le pacte que nous aurons conclu. S'il y manquait, tant mieux pour nous! Au premier manquement j'aurai un motif pour l'éloigner. Aussi bien il ne nous intéressera plus à ce moment-là.

MADDALENA

Tu comprends! Bien sûr! Pourquoi toujours? Il ne s'agit que de peu de temps, peut-être.

FABIO

Mais oui, peu de temps! il dépendra aussi de nous que ça dure peu!

AGATA

Non, non! Nous l'aurons toujours devant les yeux!

MADDALENA

Mais attendons de le connaître avant de... Setti m'a vraiment assuré...

FABIO

Il y aura bien un moyen, oui, il y aura bien un moyen...

MADDALENA

Il est très intelligent et... *(On entend frapper à la porte du fond. Un silence effrayé, puis :)* Ah, le voilà, ce doit être lui...

SCÈNE VI

LES MÊMES, LA FEMME DE CHAMBRE

AGATA, *se dressant et s'accrochant à sa mère.*

Partons, partons, maman! Oh, mon Dieu!

> *Elle entraîne sa mère vers la porte de droite.*

MADDALENA

Mais, oui. Il va lui parler, lui. Allons à côté.

FABIO

Sois sans crainte. (*Maddalena et Agata sortent par la porte de droite.*) Entrez!

LA FEMME DE CHAMBRE,
ouvrant la porte du fond et annonçant.

M. Setti, avec un monsieur...

FABIO

Faites entrer.

> *La femme de chambre sort.*

SCÈNE VII

MAURIZIO, BALDOVINO, FABIO

MAURIZIO, *entrant.*

Ah, voilà... Fabio, je te présente mon ami Angelo

Baldovino. *(Fabio s'incline. A Baldovino :)* Le marquis
Fabio Colli, mon cousin.

Baldovino s'incline.

FABIO

Asseyez-vous, je vous en prie.

MAURIZIO

Vous avez à parler, je vous laisse. *(A Baldovino, en lui
serrant la main :)* Nous deux, nous nous retrouvons à
l'hôtel, n'est-ce pas? Au revoir, Fabio.

FABIO

Au revoir.

Maurizio sort par la porte du fond.

SCÈNE VIII

BALDOVINO, FABIO

BALDOVINO, *assis, installe son lorgnon sur la pointe du nez
puis, rejetant la tête en arrière.*

Avant tout je réclame une faveur.

FABIO

Dites, dites...

BALDOVINO

Que vous me parliez ouvertement, monsieur.

FABIO

Ah! oui, oui... et même je ne demande pas mieux.

BALDOVINO

Merci. Peut-être n'entendez-vous pas le mot « ouvertement » comme je l'entends, moi...

FABIO

Mais... je ne sais pas... Ouvertement... en toute franchise. *(Et comme Baldovino, d'un doigt, fait signe que non :)* Et comment, alors?

BALDOVINO

Ça ne suffit pas. Voyez-vous, monsieur, nous nous construisons, inévitablement. Je m'explique. J'entre ici et je deviens immédiatement, en face de vous, celui que je dois être, celui que je peux être. Je me construis. C'est-à-dire que je me présente à vous sous une forme adaptée aux relations que je dois nouer avec vous. Et vous, qui me recevez, en faites autant de vous-même. Mais, au fond, à l'intérieur de nos constructions dressées ainsi l'une en face de l'autre, derrière les persiennes et les volets restent, bien cachées, nos pensées les plus secrètes, nos sentiments les plus intimes, tout ce que nous sommes pour nous-mêmes, en dehors des relations que nous voulons établir. Me suis-je bien fait comprendre?

FABIO

Oui, oui, parfaitement... Ah, oui, parfaitement! Mon cousin m'a prévenu : vous êtes très intelligent.

BALDOVINO

C'est ça! Et maintenant vous croyez peut-être que j'ai voulu vous fournir un échantillon de mon intelligence?...

FABIO

Non, non... Je disais ça parce que... J'approuve tout à fait ce que vous avez su exprimer si bien.

BALDOVINO

Je commencerai donc, avec votre permission, à parler ouvertement. J'éprouve depuis quelque temps, monsieur, en mon for intérieur, un dégoût indicible des constructions abjectes de moi-même, que je dois présenter dans les relations qu'il me faut établir avec... disons, mes semblables, si cela ne vous offense pas...

FABIO

Mais pas du tout... Dites, dites toujours.

BALDOVINO

Je me vois, je me vois perpétuellement, monsieur; et je me dis : « Mais comme c'est bas, comme c'est indigne ce que tu es en train de faire! »

FABIO, *déconcerté, embarrassé.*

Et pourquoi, diable?... mais non.

BALDOVINO

Parce que c'est ainsi, voyons! Tout au plus pourriez-vous me demander pourquoi, dans ces conditions, je le fais encore? Mais parce que... beaucoup par ma faute, beaucoup par la faute des autres et, maintenant, par la force des choses, je ne peux m'en dispenser. Nous avons tôt fait, monsieur, de nous vouloir comme ci ou comme ça; reste à savoir si nous pourrons être tels que nous le voulions. Nous ne sommes pas seuls! Il y a nous et la bête. La bête qui nous porte. Vous avez beau lui donner du bâton, vous ne la réduisez jamais à la raison. Essayez donc de persuader l'âne qu'il ne doit pas raser les précipices; il encaissera les coups de sangle, de nerf de bœuf. Vous aurez beau tirer sur la bride, il y retournera parce qu'il ne peut pas s'en empêcher. Et quand vous l'avez bien rossé et malmené regardez donc un peu ces yeux douloureux et dites-moi, n'en aurez-vous pas pitié? Je dis pitié, je ne l'excuse pas! L'intelligence qui excuse la bête s'abrutit, elle aussi. Mais avoir pitié, c'est autre chose. N'est-ce pas votre avis?

FABIO

Certainement... certainement. Mais si nous en venions à nous?...

BALDOVINO

Nous y sommes, monsieur. Je vous ai dit ces choses pour vous faire comprendre qu'ayant le sentiment de ce que je fais, j'ai aussi une certaine dignité que j'ai à cœur de sauvegarder. Et je n'ai pour cela d'autre moyen que parler ouvertement. Feindre serait odieux, outre que laid et très vulgaire... La vérité!

FABIO

Voilà, oui... C'est évident... Nous allons tâcher de nous entendre...

BALDOVINO

Dans ce cas, si vous le permettez, je vais vous questionner.

FABIO

Comment dites-vous?

BALDOVINO

Avec votre permission, je vais poser quelques questions.

FABIO

Ah, bon, faites donc.

BALDOVINO

Voilà... *(Il tire un carnet de sa poche.)* J'ai inscrit là les données essentielles de la situation. Puisqu'on doit faire une chose sérieuse, cela vaut mieux, et pour vous et pour moi. *(Il ouvre le carnet et le feuillette, tout en commençant à poser ses questions, de l'air d'un juge mais sans sévérité.)* Vous êtes, monsieur le marquis, l'amant de mademoiselle...

FABIO, *sursautant pour couper court à cette question et à cette recherche dans le carnet.*

Mais non! Excusez-moi, mais... comme ça...

BALDOVINO, *calme, souriant.*

Vous voyez? Vous regimbez dès la première question!

FABIO

Mais naturellement! Parce que...

BALDOVINO, *soudain sévère.*

Ce n'est pas vrai? Vous dites que ce n'est pas vrai? Dans ce cas... *(il se lève)* vous m'excuserez, monsieur. J'ai ma dignité, je vous l'ai dit. Je ne saurais me prêter à une comédie aussi triste qu'humiliante.

FABIO

Comment! Je crois plutôt que la façon dont vous vous y prenez...

BALDOVINO

Vous faites erreur. Je ne peux sauvegarder ma dignité, quelle qu'elle soit, qu'à la seule condition que vous me

parliez comme à votre conscience même. Ce sera ainsi,
monsieur, ou il n'y aura rien de fait. Je ne me prêterai pas
à une fiction inconvenante. La vérité! Voulez-vous me
répondre?

FABIO

Eh bien, oui... Mais, de grâce, ne cherchez plus dans ce
carnet. Vous faisiez allusion à Mlle Agata Renni?

BALDOVINO, *intransigeant, continue à chercher,*
trouve et répète.

Agata Renni, c'est bien ça. Vingt-sept ans?

FABIO

Vingt-six.

BALDOVINO, *regardant dans son carnet.*

Accomplis le neuf du mois dernier, donc dans sa vingt-
septième année. Et *(il regarde de nouveau le carnet)* il y
aurait une mère?

FABIO

Mais enfin!

BALDOVINO

C'est un scrupule, croyez-moi, rien d'autre qu'un scrupule de ma part; et pour vous une garantie. Vous me
trouverez, monsieur, toujours aussi précis.

FABIO

Eh bien, oui, il y a la mère.

BALDOVINO

Quel âge, je vous prie?

FABIO

Mais... je ne sais pas... Elle doit avoir cinquante et un... cinquante-deux ans...

BALDOVINO

Seulement? C'est que... je vous le dirai très franchement... Il vaudrait mieux qu'elle n'y fût pas. La mère est une construction irréductible... Mais je savais qu'elle existait. Donc, faisons bonne mesure... disons cinquante-trois ans... Vous, monsieur, devez avoir mon âge, à peu de chose près... Je suis un peu fripé. J'en parais davantage. Mais j'ai quarante et un ans.

FABIO

Oh! alors, c'est moi le plus âgé. Quarante-trois...

BALDOVINO

Mes félicitations. Vous les portez à merveille. Vous savez? Peut-être que moi aussi, si je me retape un peu... Donc, quarante-trois ans. Et maintenant, vous m'excuserez, je dois toucher une autre corde très sensible...

FABIO

Ma femme?

BALDOVINO

Vous êtes séparés. Et les torts... Je sais, vous êtes un parfait gentilhomme, incapable de causer des torts et par là destiné à en subir... Les torts donc sont du côté de votre femme. Et vous avez trouvé ici une consolation. Mais la vie, méchante usurière, nous fait payer pour chaque bien qu'elle nous concède cent fois plus d'ennuis et de désagréments.

FABIO

Hélas!

BALDOVINO

A qui le dites-vous! Il faut donc que vous payiez le prix de cette consolation, monsieur! Devant vous est l'ombre menaçante d'un protêt impératif. Je viens, moi, l'avaliser par ma signature et me charger de payer votre traite. Vous ne pouvez imaginer, monsieur, quel plaisir j'éprouve à me venger ainsi de cette société, qui refuse tout crédit à ma signature. Imposer ma signature... Dire : Voilà, un tel a pris à la vie ce qu'il ne devait pas et maintenant je paie pour lui car si je ne payais pas une réputation serait perdue, l'honneur d'une famille ferait banqueroute... C'est pour moi, monsieur, une belle satisfaction, une revanche! Croyez que je n'agis pas pour une autre raison... Vous en doutez? Vous en avez bien le droit : parce que je suis... me permettez-vous une comparaison?

FABIO

Mais oui, dites... dites...

BALDOVINO, *poursuivant.*

Comme quelqu'un qui vient mettre en circulation du bel or sonnant et trébuchant dans un pays qui ne connaîtrait que la monnaie de papier. Au début on doute de l'or, c'est naturel. Vous avez certainement la tentation de le refuser, non? Mais c'est de l'or, monsieur, croyez-en sûr. J'ai été dans l'impossibilité de le gaspiller parce que je l'ai dans l'âme et non dans les poches. Sinon!

FABIO

Voilà qui est bien! Alors, restons-en là. C'est parfait. Je ne cherche rien de plus, monsieur Baldovino. L'honnê-teté! De bons sentiments!

BALDOVINO

J'ai aussi les souvenirs de ma famille. Être déshonnête m'a coûté des sacrifices d'amour-propre, une perpétuelle amertume, du dégoût, de la répulsion. Que voulez-vous que me coûte l'honnêteté? Vous m'invitez... je dis bien, doublement à des noces. En apparence, j'épouserai une femme; mais j'épouserai pour de bon l'honnêteté.

FABIO

Voilà, oui! Assez maintenant! Cela me suffit!

BALDOVINO

Assez, dites-vous? Vous croyez que ça vous suffit? Pardonnez-moi, monsieur, mais... les conséquences?

FABIO

Comment? Je ne comprends pas...

BALDOVINO

Ah, je vois... Sans doute parce que vous souffrez devant moi et que vous vous faites violence à vous-même, de toutes vos forces, pour résister à cette situation si pénible... pour en sortir n'importe comment, vous traitez cette affaire avec beaucoup de légèreté.

FABIO

Jamais de la vie! Bien au contraire! Comment ça, avec légèreté?

BALDOVINO

Permettez. Mon honnêteté, monsieur le marquis, doit-elle ou ne doit-elle pas exister?

FABIO

Mais bien sûr, elle doit exister! C'est même l'unique condition que je vous pose!

BALDOVINO

Très bien. Dans mes sentiments, dans ma volonté, dans tous mes actes, elle existe. Je la sens en moi. Je la veux. Je la manifesterai. Et alors?...

FABIO

Quoi, et alors? Je vous ai dit que ça me suffisait.

BALDOVINO

Mais les conséquences, monsieur, voyons! Écoutez: l'honnêteté, telle que vous la désirez de moi, qu'est-ce que c'est? Réfléchissez une seconde. Rien. Une abstraction. Une pure forme. Disons: l'absolu. Or, pardonnez-moi mais, si je dois être honnête comme vous le souhaitez, il faudra bien que, pour ainsi dire, je la vive cette abstraction; que je donne corps à cette forme pure; que j'éprouve cette honnêteté abstraite et absolue. Et alors quelles seront les conséquences? Mais celle-ci avant tout, c'est évident: que je devrai être un tyran.

FABIO

Un tyran?

BALDOVINO

Par force! Sans le vouloir! Pour ce qui concerne la pure forme, entendons-nous bien. (Le reste ne m'appartient pas.) Mais pour ce qui est de la pure forme, honnête comme vous me voulez et comme je me veux, je devrai forcément être un tyran, je vous en préviens. J'imposerai que soient respectées jusqu'au scrupule toutes les appa-

rences, ce qui ne manquera pas de comporter de très
graves sacrifices, pour vous, pour Mlle Renni, pour sa
mère; une très stricte limitation de liberté, le respect de
toutes les formes abstraites de la vie sociale. Et... parlons
net, monsieur, ne fût-ce que pour vous faire comprendre
que je suis animé des plus fermes intentions, savez-vous ce
qui résultera, immédiatement, de tout cela? Ce qui
s'imposera entre nous et sautera aux yeux de tous? Qu'en
traitant avec moi, ne vous faites pas d'illusion, honnête
comme je le serai, la mauvaise action, c'est vous autres qui
la commettrez, pas moi! Dans toute cette combinaison pas
très jolie je ne vois qu'une chose : la possibilité que vous
m'offrez, et que j'accepte, d'être honnête.

FABIO

Bien... cher monsieur... vous comprendrez que... vous-
même l'avez reconnu tout à l'heure... je ne me trouve pas
en mesure de bien vous suivre, pour l'instant. Vous parlez
à merveille; mais revenons sur la terre, je vous en prie!

BALDOVINO

Sur la terre, moi! Impossible!

FABIO

Comment, impossible? Mais que voulez-vous dire?

BALDOVINO

C'est impossible du fait de la situation dans laquelle
vous me placez, monsieur le marquis! Je dois, forcément,
naviguer dans l'abstrait. Malheur à moi si j'allais atterrir.
La réalité n'est plus mon lot : vous vous la réserverez.
C'est à vous de toucher terre. Parlez : je vous écouterai. Je
serai l'intelligence qui n'excuse pas mais qui éprouve de la
compassion pour...

FABIO, *aussitôt, se montrant lui-même du doigt.*

La bête?

BALDOVINO

Pardon, mais : conséquence!

FABIO

Mais oui, mais oui! Vous avez raison! C'est bien ça! Donc voilà... oui, c'est moi qui parle, c'est la bête qui parle : terre à terre, sans façons, vous savez? Vous écoutez et compatissez. Simplement pour nous entendre...

BALDOVINO

Vous voulez dire : avec moi?

FABIO

Avec vous, bien entendu! Avec qui d'autre?

BALDOVINO

Mais non, monsieur! C'est avec vous-même qu'il faut vous entendre! En ce qui me concerne j'ai déjà tout compris parfaitement. Si j'ai tant parlé — ce qui n'est pas du tout dans mes habitudes, savez-vous? — c'est parce que je voudrais que vous vous rendiez bien compte de tout.

FABIO

Moi?

BALDOVINO

Oui, vous. Pour moi, c'est déjà fait. C'est très facile. Qu'ai-je tant à faire? Rien. Je représente la forme. L'action — pas très reluisante —, c'est vous qui la commettez; vous l'avez déjà commise et j'y remédie. Vous

continuerez à la commettre et je la cacherai. Mais pour
bien la cacher, dans votre intérêt et surtout dans l'intérêt
de Mlle Renni, il faut que vous me respectiez; et ça ne
vous sera pas facile dans le rôle que vous vous réservez!
Vous respecterez, dis-je, non pas moi au sens propre, mais
la forme, la forme que je représente : l'honnête mari d'une
femme honorable. Vous voulez la respecter, n'est-ce pas?

FABIO

Mais oui, bien sûr!

BALDOVINO

Et ne comprenez-vous pas que cette forme sera d'autant
plus rigoureuse et tyrannique que vous voudrez que mon
honnêteté soit plus pure? Voilà pourquoi je vous disais de
réfléchir aux conséquences. Pas pour moi, pour vous!
Moi, voyez-vous, j'ai des lunettes qui conviennent à ma
philosophie. Et pour sauvegarder ma dignité, dans ces
conditions, il me suffira de voir dans la femme qui sera ma
femme par le nom, une mère...

FABIO

Voilà, oui... C'est parfait!

BALDOVINO

Et de concevoir mes rapports avec elle à travers la petite
créature qui va naître, c'est-à-dire à travers les devoirs de
mon rôle : rôle très pur, très noble, tout pénétré de
l'innocence du nouveau-né, fille ou garçon, selon le cas.
Ça va comme ça?

FABIO

Très bien, oui, oui, très bien!

BALDOVINO

Attention! Très bien pour moi, pas pour vous. Vous, monsieur, plus vous approuvez et plus vous allez au-devant d'un tas d'ennuis.

FABIO

Comment?... Et pourquoi, je vous prie? Je n'arrive pas à voir toutes ces difficultés que vous prévoyez!

BALDOVINO

Je crois de mon devoir, monsieur, de vous les montrer. Vous êtes un gentilhomme. Un concours de hasards, de circonstances vous obligent à ne pas agir honnêtement. Mais vous ne pouvez pas vous passer de l'honnêteté! C'est si vrai que ne pouvant la trouver dans vos actes vous la voulez en moi. C'est moi qui dois la représenter, votre honnêteté. C'est-à-dire être l'honnête mari d'une femme qui ne peut pas être votre femme; l'honnête père d'un enfant à naître qui ne pourra pas être votre fils. Est-ce vrai?

FABIO

Oui, oui, c'est vrai.

BALDOVINO

Mais si l'épouse est à vous et non à moi; si l'enfant est le vôtre et non le mien, vous devriez comprendre qu'il ne suffira pas que moi seul je sois honnête! Vous devrez être honnête vous aussi, monsieur, honnête devant moi. Forcément. Honnête je suis, honnêtes vous serez tous. Par force!

FABIO

Comment, comment? Je ne comprends pas! Attendez...

BALDOVINO

Vous sentez la terre manquer sous vos pieds...

FABIO

Mais non, je veux dire... si les conditions doivent être changées...

BALDOVINO

Forcément! C'est vous qui les changez! Ces apparences à sauver, monsieur le marquis, ce n'est pas seulement pour les autres. Il y en aura une, ici, pour vous aussi! une que vous trois avez voulue et à laquelle justement je devrais donner corps : votre honnêteté. Y pensez-vous? Prenez garde, ce n'est pas facile!

FABIO

Mais si vous savez!

BALDOVINO

Mais précisément parce que je sais! Je parle contre mon intérêt; mais je ne peux faire autrement : je vous conseille de bien réfléchir, monsieur!

> *Une pause. Fabio se lève et se met à marcher avec agitation, consterné. Baldovino se lève aussi et attend.*

> FABIO, *marchant de long en large.*

Il est certain que... vous me comprenez... si je...

BALDOVINO

Mais oui, croyez-moi, vous devriez réfléchir encore un peu sur tout ce que je vous ai dit et même en faire part, si vous le jugez bon, à Mlle Renni. *(Il jette un regard rapide vers la porte de droite.)* Ce ne sera peut-être pas nécessaire, parce que...

FABIO, *se retournant brusquement, avec colère.*

Qu'entendez-vous par là?

BALDOVINO, *très calme, attristé.*

Oh!... ce serait après tout bien naturel. Je me retire. Vous me communiquerez ou vous me ferez communiquer à l'hôtel votre décision? *(Il s'apprête à sortir, se retourne.)* En tout cas, vous pouvez compter, monsieur, ainsi que Mlle Renni, sur mon entière discrétion.

FABIO

J'y compte.

BALDOVINO, *lent, grave.*

Pour mon compte, j'ai sur la conscience des fautes autrement graves. Ici, pour moi, il n'y a pas une faute, mais un malheur. Quelle que soit votre décision soyez sûr que je resterai toujours très reconnaissant — en secret — à mon ancien camarade de collège de m'avoir estimé digne de m'approcher honnêtement de ce malheur. *(Il s'incline.)* Monsieur le marquis...

RIDEAU

ACTE II

Magnifique salon dans la maison des Baldovino. On y a disposé aussi quelques meubles déjà vus dans le salon, à l'acte précédent. Porte principale au fond. Portes latérales à droite et à gauche.

SCÈNE I

MARCHETTO FONGI, *le marquis* FABIO

Au lever du rideau, Fongi, son chapeau et sa canne dans une main, tient ouvert, de l'autre, le battant de la porte de gauche et parle vers l'intérieur à Baldovino. Fabio attend, comme quelqu'un qui ne veut être vu ni entendu de l'autre côté.

FONGI, *vers l'intérieur.*

Merci, merci, Baldovino, oui... tu penses bien que je ne manquerais pour rien au monde cette charmante fête! Merci. Je reviendrai... je reviendrai avec nos amis, les administrateurs, d'ici à une petite demi-heure. Au revoir.

Il referme la porte, se tourne vers Fabio qui s'approche de lui sur la pointe des pieds, cligne de l'œil et fait un signe de tête plein de roublardise.

FABIO, *tout bas, anxieusement.*

Oui?... Tu crois vraiment?

FONGI *lui répond d'un signe de tête,
clignant toujours de l'œil.*

Ça y est! Il a donné dans le panneau!

FABIO

Il me semble aussi... Voilà déjà six jours!

FONGI *montre trois doigts d'une main et les agite.*

Trois... trois cent... trois cent mille lires. Je te l'avais
bien dit. Ça ne pouvait pas rater! (*Il glisse un bras sous le
bras de Fabio et se dirige avec lui vers la porte du fond, tout
en parlant.*) Ce sera une vraie scène de comédie... Mais
laissez-moi faire! laissez-moi faire! Nous lui mettrons
délicatement la main au collet.

Il sort avec Fabio.

SCÈNE II

BALDOVINO, MAURIZIO

*La scène reste vide un moment. La porte de gauche
s'ouvre, Baldovino et Maurizio entrent.*

MAURIZIO, *regardant autour de lui.*

Sais-tu que tu t'es joliment bien installé!

BALDOVINO, *distrait.*

Oui. (*Avec un sourire ambigu :*) Avec un parfait

décorum. *(Une pause.)* Alors, dis-moi... raconte... où es-tu allé?

MAURIZIO

Bah! une petite balade... hors des sentiers battus.

BALDOVINO

Toi?

MAURIZIO

Pourquoi? Tu n'y crois pas?

BALDOVINO

Hors des sentiers battus? Pour dire que tu n'as dû aller ni à Paris, ni à Nice, ni au Caire... Où es-tu allé?

MAURIZIO

Au pays du caoutchouc et des bananes!

BALDOVINO

Au Congo?

MAURIZIO

Oui. Dans les forêts. Et tu sais... authentiques.

BALDOVINO

Ah! Et des bêtes féroces, tu en as vu?

MAURIZIO

Ces pauvres nègres des méchallas...

BALDOVINO

Non, je veux dire de vraies bêtes féroces... quelque tigre, quelque léopard?

7

MAURIZIO

Quoi ? Dieu merci... Mais, bon sang, tes yeux brillent !

BALDOVINO *sourit amèrement, replie les doigts d'une main*
et montre ses ongles à Maurizio.

Vois-tu où nous en sommes arrivés ? Et ce n'est pas
pour nous désarmer que nous les taillons ! Bien au
contraire ! C'est pour que nos mains paraissent plus
civilisées, autrement dit plus aptes à une lutte autrement
féroce que celle où combattaient nos grandes brutes
d'aïeux, les pauvres, armés seulement de leurs ongles. J'ai
toujours, pour cette raison, envié les bêtes fauves. Et toi,
malheureux, tu vas dans les forêts et tu n'y vois même pas
la queue d'un loup !

MAURIZIO

Laissons ça, veux-tu ! Parlons de toi plutôt. Eh bien,
comment ça va ?

BALDOVINO

Que veux-tu dire par là ?

MAURIZIO

Mais... ta femme. C'est-à-dire Mᵐᵉ Baldovino.

BALDOVINO

Comment veux-tu qu'elle aille ? Très bien !

MAURIZIO

Et... tes rapports avec elle ?

BALDOVINO *le regarde un instant, puis se levant.*

Que veux-tu qu'ils soient ?

MAURIZIO, *changeant de ton et reprenant de l'assurance.*

Mais je te trouve en pleine forme, tu sais.

BALDOVINO

Oui, je m'occupe.

MAURIZIO

Ah! c'est vrai. J'ai su que Fabio avait monté une société anonyme.

BALDOVINO

Oui, pour me mettre le pied à l'étrier. Elle fait d'excellentes affaires.

MAURIZIO

Tu en es l'administrateur délégué?

BALDOVINO

C'est bien pour ça qu'elle fait d'excellentes affaires.

MAURIZIO

Oui, oui, je l'ai appris! Et je voudrais y entrer, moi aussi... mais on dit que tu es d'une rigueur épouvantable!

BALDOVINO

Parbleu! Je ne vole pas... *(Il s'approche, pose les mains sur les deux bras de Maurizio.)* Tu sais... entre les mains... des centaines de mille... Et pouvoir les considérer comme des chiffons de papier... ne plus en sentir le besoin, pas le moindre besoin...

MAURIZIO

Eh! pour toi ce doit être un fameux plaisir.

BALDOVINO

Divin! Et pas un seul coup raté, tu sais! Mais on travaille, on travaille! Et il faut que tous les autres me suivent!

MAURIZIO

Oui... c'est bien ça!

BALDOVINO

Ils se plaignent, hein? Dis-moi un peu : ils poussent les hauts cris? Ils rongent leur frein?

MAURIZIO

Ils disent... ils disent que tu pourrais être un peu moins... méticuleux, quoi!

BALDOVINO

Eh, je sais bien! Je les étouffe! Je les étouffe tous! Quiconque m'approche! Mais tu comprends, n'est-ce pas, que je ne peux l'éviter? Depuis dix mois, je ne suis plus un homme!

MAURIZIO

Non? Et qu'est-ce que tu es?

BALDOVINO

Mais je te l'ai dit : presque une divinité! Tu devrais pourtant le comprendre! Je n'ai de corps qu'en apparence. Je suis plongé dans les chiffres, les spéculations; mais c'est pour les autres. Il n'y a pas — et je veux qu'il n'y ait pas — un centime pour moi. J'habite ici dans cette belle maison, sans presque voir ou sentir ou toucher quoi que ce soit. Il m'arrive de m'étonner du son de ma propre voix, du bruit de mes pas; de constater que j'ai moi aussi besoin d'un verre d'eau ou de me reposer. Je vis, comprends-tu ? dé-li-cieu-se-ment, dans l'absolu d'une pure forme abstraite !

MAURIZIO

Tu devrais éprouver un peu de compassion pour les autres mortels !

BALDOVINO

J'en éprouve ! Mais je ne peux agir autrement. Je l'avais dit pourtant, j'en avais bien prévenu ton marquis de cousin ! En ce qui me concerne, je respecte nos conventions.

MAURIZIO

Avoue que tu y trouves une joie diabolique !

BALDOVINO

Pas diabolique, non ! Suspendu entre ciel et terre, je me suis comme installé sur un nuage : c'est le plaisir des saints aux fresques des églises.

MAURIZIO

En attendant, tu devrais comprendre qu'il n'est pas possible que les choses durent longtemps comme ça.

BALDOVINO, *sombre, après un silence.*

Eh ! je sais bien : ça finira. Bientôt, peut-être ! Mais qu'ils prennent garde. Il faudra voir comment ! *(Il le regarde dans les yeux.)* Je le dis dans leur intérêt. Ouvre bien les yeux à ton cousin. J'ai l'impression qu'il a trop envie de se défaire de moi au plus vite. Ça te trouble ? Tu sais quelque chose ?

MAURIZIO

Non, vraiment rien.

BALDOVINO

Allons... sois sincère. Je te comprends, note bien! C'est si naturel!

MAURIZIO

Je t'assure que je ne sais rien. J'ai parlé avec Mme Maddalena. Je n'ai pas encore vu Fabio.

BALDOVINO

Eh! je sais! Tous deux, la mère et ton cousin, se seront dit : « Nous la marions *pro forma;* dans quelque temps, sous un prétexte ou un autre, nous nous débarrasserons de lui. » Ç'aurait été en effet la chose la plus souhaitable. Mais ils ne peuvent pas l'espérer! Ils ont été, même en cela, d'une déplorable légèreté!

MAURIZIO

Mais ces soupçons qui te viennent, qui te dit qu'ils sont fondés?

BALDOVINO

C'est si vrai qu'ils ont posé comme condition fondamentale mon honnêteté!

MAURIZIO

Alors... tu vois bien!

BALDOVINO

Mais que tu es naïf! La logique est une chose, mon cher, l'âme en est une autre. On peut bien, par cohérence logique, proposer une chose et avec l'âme en espérer une autre. Or, crois-moi, je pourrais leur faire plaisir, à lui et à Mme Renni, en leur offrant un prétexte pour se débarrasser de moi. Mais qu'ils n'y comptent pas, parce que je... Oui, je pourrais, mais je ne le ferai pas, et cela dans leur intérêt. Je ne le ferai pas parce qu'ils ne peuvent absolument pas désirer que je le fasse.

MAURIZIO

Bon Dieu, mais tu es terrible! Tu leur dénies jusqu'à la possibilité de désirer que tu commettes une mauvaise action?

BALDOVINO

Réfléchis... Supposons que je le fasse. Dans un premier temps, ils respireraient. Ils se débarrasseraient de mon encombrante et opprimante personne. On pourrait croire que l'honnêteté, défaillante chez moi, est restée — sinon entièrement du moins en partie — de leur côté : ma femme resterait l'épouse légitime séparée d'un mari indigne; dans cette indignité du mari elle pourrait trouver une excuse, jeune comme elle est, à se faire consoler par un vieil ami de la maison. Ce qui n'était pas permis à une demoiselle peut être facilement pardonné à une femme déliée de toute obligation de fidélité conjugale. Tu me suis? Moi, donc, en tant que mari, je pourrais être malhonnête et me faire chasser. Mais ce n'est pas seulement comme mari que je suis entré dans cette maison. Comme simple mari, d'ailleurs, je n'y serais jamais entré : on n'en avait nullement besoin! On avait besoin de moi dans la seule mesure où ce mari devait, peu après, devenir père; peu après, c'est-à-dire, presque... en temps voulu. C'était d'un père qu'on avait besoin ici. Et le père... eh bien, le père, dans l'intérêt même de M. le marquis, doit par force être honnête! Parce que si, comme mari, je peux m'en aller sans faire de tort à ma femme qui, en perdant mon nom, reprendrait le sien, comme père, ma vilaine action nuirait par force à mon fils qui n'aura pas d'autre nom que le mien. Et plus je tomberais bas plus il aurait à en souffrir. Eh bien ça, Fabio ne peut absolument pas le désirer.

MAURIZIO

Ah! non, certainement pas!

BALDOVINO

Tu vois bien! Et pour tomber bas, j'y tomberais : tu me connais! Pour me venger de la canaillerie qu'ils m'auraient faite en me chassant ignominieusement, j'exigerais la garde de l'enfant qui m'appartient devant la loi. Je le leur laisserais ici deux ou trois ans, le temps qu'ils s'y attachent; après quoi je prouverais que ma femme vit en adultère avec son amant et je leur enlèverais l'enfant que j'entraînerais avec moi, toujours plus bas. Tu sais qu'il y a en moi une horrible bête dont j'ai voulu me libérer en l'enchaînant dans les conditions qui m'ont été offertes. Ils ont tout intérêt, eux surtout, à me les faire respecter, comme j'en ai d'ailleurs la ferme volonté, parce que, si quelque jour je m'en échappais, je ne sais vraiment pas jusqu'où je pourrais aller. *(Changeant de ton à l'improviste.)* Assez! ça suffit!... Dis-moi un peu : ils t'ont dépêché vers moi, à peine arrivé? Allons, courage, que dois-tu me demander? Fais vite, s'il te plaît... *(Il regarde sa montre.)* Je t'ai accordé plus de temps que je n'aurais dû. Tu sais qu'il y a le baptême du bébé, ce matin. Et avant le repas une réunion ici même avec les administrateurs que nous avons invités. C'est ton cousin qui t'envoie, ou bien la mère?

MAURIZIO

Oui, voilà, c'est justement pour le baptême du petit. Ce prénom que tu voudrais lui imposer...

BALDOVINO

Eh... je sais bien!

MAURIZIO

Mais enfin... tu ne trouves pas...

BALDOVINO

Je sais... le pauvre petit; c'est un prénom bien lourd... Il risque presque d'en être écrasé.

MAURIZIO, *détachant les syllabes.*

Sigismondo!

BALDOVINO

Mais c'est un nom historique dans ma famille! Mon père se nommait ainsi! Mon aïeul se nommait ainsi...

MAURIZIO

Mais tu comprendras que, pour eux, cette raison n'est pas d'un grand poids!

BALDOVINO

Mais moi non plus, tu sais, je n'y aurais jamais pensé... Mais enfin, est-ce ma faute à moi? Un vilain nom, je te l'accorde, assez ridicule, surtout pour un tout-petit... et... je t'avouerai *(tout bas)* que si cet enfant était le mien je ne l'aurais probablement pas appelé ainsi...

MAURIZIO

Ah, tu vois bien?...

BALDOVINO

Qu'est-ce que je vois? C'est justement ça qui te prouve que je ne peux pas, maintenant, déroger à ce nom. Nous en revenons toujours là! Ce n'est pas pour moi; c'est pour la forme! Et pour la forme — tu le comprends n'est-ce pas? — puisqu'il faut lui donner un nom, je ne peux pas lui en donner un autre que celui-là! C'est inutile, tu sais, tout à fait inutile qu'ils insistent! Je regrette mais je ne transigerai pas, tu peux le leur répéter! Qu'ils me laissent travailler, que diable! En voilà des futilités! Navré, mon cher, de t'accueillir ainsi... Au revoir, hein? Au revoir...

Il lui serre la main en hâte et sort par la porte de gauche.

SCÈNE III

MAURIZIO, MME MADDALENA, FABIO

*Maurizio reste comme quelqu'un qu'on a laissé en plan au plus beau de l'affaire. Peu après, par la porte de droite, entrent l'un après l'autre M*me *Maddalena et Fabio, tout penauds et comme suspendus à la nouvelle qu'ils attendent. Maurizio les regarde et, d'un doigt, se gratte la nuque. D'abord M*me *Maddalena, puis Fabio, lui adressent, de la tête, un signe muet d'interrogation; elle avec des yeux suppliants; lui, au contraire, en fronçant les sourcils. Maurizio répond par un autre signe de tête, négatif, fermant à demi les yeux et ouvrant tout grands les bras. M*me *Maddalena s'effondre sur un siège, comme anéantie, et reste ainsi. Fabio s'assied à son tour, mais contracté, serrant les poings sur ses genoux. Maurizio s'assied lui aussi, hochant la tête, exhalant plusieurs longs soupirs par les narines. Aucun des trois n'a la force de rompre le silence qui les écrase. Aux soupirs que Maurizio exhale par le nez répond le souffle rageur, à pleine bouche, de*

Fabio. Mme Maddalena ne peut pas souffler, ni même soupirer, mais elle secoue désespérément la tête, les coins de la bouche s'abaissant un peu plus à chaque soupir, à chaque bouffée des deux autres.

Les acteurs ne doivent pas craindre de prolonger cette scène muette. Soudain, Fabio saute sur ses pieds et se met à marcher de long en large, frémissant, ouvrant et serrant les poings. Peu après Maurizio aussi se lève, s'approche de Mme Maddalena et s'incline devant elle, lui tendant la main pour prendre congé.

MADDALENA, *bas comme si elle gémissait,*
lui tendant la main à son tour.

Vous vous en allez?

FABIO, *se tournant brusquement.*

Mais laissez-le partir! Je ne sais pas comment il a le toupet de se présenter ici! *(A Maurizio :)* Tu n'oseras plus me regarder en face!

Il se remet à marcher.

MAURIZIO *n'ose protester, se tourne à peine vers lui, tenant encore la main de Mme Maddalena dans la sienne, puis dit tout bas.*

Et madame votre fille?

MADDALENA, *à voix basse, toujours gémissante.*

Elle est à côté, elle s'occupe du bébé...

MAURIZIO, *tenant toujours la main*
de Mme Maddalena, dit doucement.

Présentez-lui mes hommages. *(Il baise la main de Mme Maddalena, puis recommence à ouvrir les bras.)* Priez-la de... de me pardonner.

MADDALENA

Oh! elle, au moins... elle a son enfant, maintenant!

FABIO, *se promenant toujours.*

Oui, elle va s'amuser avec son enfant! A peine l'autre aura commencé à exercer sur lui aussi sa tyrannie!...

MADDALENA

C'est ça... c'est ça ma terreur!

FABIO, *se promenant toujours.*

Il a déjà commencé avec le prénom!

MADDALENA, *à Maurizio.*

Croyez-moi, depuis dix mois... nous ne respirons plus!

FABIO, *se promenant toujours.*

Alors vous imaginez comment il voudra l'élever!

MADDALENA

C'est terrible... Nous ne pouvons même plus lire le journal!

MAURIZIO

Non? Et pourquoi?

MADDALENA

C'est ainsi! Il a certaines idées sur la presse...

MAURIZIO

Mais il est dur, à la maison? cassant?

MADDALENA

Mais non, c'est bien pire!... Très poli! Il sait dire les choses les plus dures pour nous d'une manière... avec des

arguments si inattendus et qui semblent, à l'écouter, si
irréfutables que nous sommes toujours obligées d'en
passer par où il veut! C'est un homme terrifiant, terrifiant,
Setti! Je n'ai même plus la force de respirer.

MAURIZIO

Ma chère madame, que voulez-vous que je vous dise? Je
suis absolument anéanti... Jamais je n'aurais cru...

FABIO, *n'y tenant plus.*

Oh! je t'en prie!... Je ne peux pas m'en aller, en ce
moment, moi, à cause du baptême; sinon je m'en irais tout
de suite. Mais file, toi! File! Tu devrais comprendre que
je ne peux plus t'entendre parler de la sorte! que je ne
peux plus te voir devant moi!

MAURIZIO

Tu as raison, oui... Je m'en vais, je m'en vais.

SCÈNE IV

LES MÊMES *et* LE DOMESTIQUE

LE DOMESTIQUE, *ouvrant la porte du fond et annonçant.*

M. le curé de Santa Marta.

MADDALENA, *se levant.*

Ah! faites entrer.

MAURIZIO

Au revoir, madame.

MADDALENA

Vous voulez vraiment partir? Vous ne voulez pas
assister au baptême? Vous feriez plaisir à Agata... J'espère
vous y voir! J'y compte beaucoup.

> *Maurizio ouvre encore une fois les bras, s'incline,
> regarde Fabio sans même oser le saluer et sort par la
> porte du fond, en s'inclinant devant le curé de Santa
> Marta qui, pendant ce temps, entre, introduit par le
> domestique, lequel se retire en refermant la porte.*

SCÈNE V

LE CURÉ DE SANTA MARTA, MME MADDALENA
et FABIO

MADDALENA

Soyez le bienvenu. Veuillez vous asseoir, monsieur le
curé.

LE CURÉ

Comment allez-vous, madame?

FABIO

Monsieur le curé...

LE CURÉ

Monsieur le marquis... Je suis venu, madame, pour
convenir des dernières dispositions!

MADDALENA

Merci, monsieur le curé. L'enfant de chœur que vous
nous avez envoyé est déjà là.

LE CURÉ

Ah! bien, bien...

MADDALENA

Et nous avons tout préparé à côté, en y ajoutant les
ornements qu'il nous a apportés de l'église. Le résultat est
tout à fait ravissant, vous savez! C'est beau, vraiment
beau! Venez, je vais vous le faire admirer!

LE CURÉ

Et Mme Baldovino?

MADDALENA, *très embarrassée.*

Je la fais appeler...

LE CURÉ

N'en faites rien, si elle est occupée. Je voulais savoir si
elle se portait bien.

MADDALENA

Maintenant, oui, elle va bien, je vous remercie. Vous
comprenez, n'est-ce pas, elle est toute à son enfant.

LE CURÉ

Eh! je l'imagine...

MADDALENA

Elle ne le quitte pas un instant.

LE CURÉ

C'est donc M. le marquis qui sera le parrain?

FABIO

C'est cela... oui.

MADDALENA

Et moi la marraine!

LE CURÉ

Ah! cela va de soi... Et... pour le prénom? Nous en
restons à celui qui a été fixé?

MADDALENA

Hélas!...

Un gros soupir.

FABIO, *rageur.*

Hélas, oui!

LE CURÉ

Pourtant... savez-vous... au fond... ce fut un grand
saint... un roi! Je m'occupe, modestement, d'hagiogra-
phie...

MADDALENA

Oh, nous savons, monsieur le curé, vous êtes un savant!

LE CURÉ

Non, non... Je vous en prie. C'est trop dire! J'étudie
avec passion... c'est vrai... Saint Sigismond fut roi des
Burgondes et il eut pour femme Amalberge, fille de
Théodoric... Hélas, resté veuf, il épousa pour son malheur
une demoiselle d'honneur de la reine... une perfide qui,
par d'infâmes manœuvres, lui fit commettre... eh, oui... le
plus atroce des crimes... sur son propre fils...

MADDALENA

Juste ciel! Sur son propre fils! Et que lui fit-il?

LE CURÉ

Eh... *(Geste des deux mains.)* Il l'étrangla.

MADDALENA, *à Fabio, presque dans un cri.*

Vous vous rendez compte!

LE CURÉ, *aussitôt.*

Oh! mais il se repentit, vous savez? Immédiatement! Et, en expiation, il s'adonna aux pratiques de la plus stricte pénitence; il se retira dans une abbaye, revêtit la bure, et ses vertus et le supplice qu'il subit avec une sainte résignation le firent honorer comme un martyr!

MADDALENA

Parce que... il subit aussi le supplice?

LE CURÉ, *les yeux mi-clos, allonge le cou, le penche, puis avec un doigt, suggère la décapitation.*

En 524, si je ne me trompe.

FABIO

Pas mal! Un fameux saint! Il étrangle son fils... il meurt décapité...

LE CURÉ

Mais ce sont souvent les plus grands pécheurs, monsieur le marquis, qui font les plus grands saints. Et celui-ci fut aussi un sage, vous pouvez m'en croire! On lui doit le code des Burgondes, la fameuse *loi Gombette!* A vrai dire il s'agit là d'une opinion très discutée; mais je me déclare, moi, pour Savigny qui la soutient... oui, oui... oui, oui... Je suis du côté de Savigny.

MADDALENA

Pour moi, monsieur le curé, mon unique consolation c'est que je pourrai l'appeler par le diminutif : Dino.

LE CURÉ

Très bien, très bien... Sigismondo, Sigismondino, Dino. C'est parfait. Pour un enfant, Dino, cela cadre à merveille, n'est-ce pas, monsieur le marquis ?

MADDALENA

Oui, mais reste à savoir si lui le permettra !

FABIO

Voilà... Justement !

LE CURÉ

Eh, après tout... Si M. Baldovino tient au nom de son père... il faudra se faire une raison... Dans ce cas, que décidons-nous ?

MADDALENA

Mais c'est à lui d'en décider. De ça aussi, monsieur le curé. Attendez. (*Elle presse, sur le mur, le bouton d'une sonnette électrique.*) Nous allons le faire avertir tout de suite. Veuillez patienter un instant.

SCÈNE VI

LES MÊMES, LE DOMESTIQUE

Le domestique entre par la porte du fond.

MADDALENA

Avertissez Monsieur que M. le curé est ici. S'il peut venir un instant... Par là, par là...

Elle indique la porte à gauche. Le domestique s'incline, traverse la scène, frappe à la porte de gauche, ouvre et entre.

SCÈNE VII

LE CURÉ, MME MADDALENA, FABIO, BALDOVINO

BALDOVINO *arrive, empressé, par la porte de gauche.*

Oh! mes respects, monsieur le curé, très honoré de votre visite. Je vous en prie, je vous en prie, restez assis.

LE CURÉ

Tout l'honneur est pour moi. Merci, monsieur Baldovino... Nous vous avons dérangé...

BALDOVINO

Mais jamais de la vie, voyons! Je suis vraiment heureux de vous voir chez moi... Que puis-je pour votre service?

LE CURÉ

M'accorder une faveur, merci. Voilà... nous voulions convenir d'une heure pour le baptême.

BALDOVINO

Mais, à votre disposition, monsieur le curé; quand vous voudrez! La marraine est là; le parrain est là; je crois que la nourrice est là aussi; je suis prêt... L'église est à deux pas...

MADDALENA, *avec stupeur.*

Comment?

FABIO, *contenant mal sa colère.*

Comment?

BALDOVINO, *se retournant pour les regarder, très étonné.*

Pourquoi?

LE CURÉ, *aussitôt.*

Voilà, monsieur Baldovino... On avait préparé... mais, comment? vous n'étiez pas au courant?

MADDALENA

Tout est prêt à côté!

BALDOVINO

Prêt? Qu'est-ce qui est prêt?

LE CURÉ

Pour le baptême!... Pour le célébrer à la maison afin de donner plus d'éclat à la cérémonie.

FABIO

M. le curé lui-même a envoyé quelques ornements d'église.

BALDOVINO

Pour donner plus d'éclat à la cérémonie? Pardonnez-moi, monsieur le curé, je ne m'attendais pas à vous entendre parler ainsi!

LE CURÉ

Non, ce que je voulais dire... voilà... c'est que, dans

cette ville, l'usage veut que les familles riches les plus en vue célèbrent cette fête à domicile.

BALDOVINO, *avec une souriante simplicité.*

Et vous ne préféreriez pas, monsieur le curé, qu'une de ces familles donnât l'exemple de cette humilité qui veut qu'au regard de Dieu il n'y ait ni riches ni pauvres?

MADDALENA

Mais personne ne pense à offenser Dieu en célébrant le baptême en famille!

FABIO

Mais enfin!... Ne dirait-on pas que tu prends un malin plaisir à tout gâcher, en faisant obstacle à tout ce que proposent les autres! C'est curieux, non?... que toi... toi précisément, te mêles de ces choses, en faisant la leçon aux autres!

BALDOVINO

Je t'en prie, mon cher marquis, ne m'oblige pas à faire la grosse voix... Tu veux peut-être ma profession de foi?

FABIO

Oh! que non! Je ne veux rien!

BALDOVINO

Si tu crois à de l'hypocrisie de ma part...

FABIO

Je n'ai pas parlé d'hypocrisie! Mais j'ai l'impression que c'est un parti pris, voilà!

BALDOVINO

Tu veux pénétrer mes sentiments? Qu'est-ce que tu

peux en connaître? Je veux bien admettre que tu penses
qu'étant donné mes sentiments je ne devrais pas attacher
d'importance à cet acte que, de votre côté, vous entendez
tous célébrer... le baptême! Eh bien! alors, raison de plus!
Si cet acte n'est pas pour moi mais pour l'enfant et si je
reconnais comme vous, en approuvant, qu'il doit être
célébré pour lui, j'entends qu'on le célèbre en bonne et
due forme; que l'enfant, sans aucun privilège qui offenserait l'acte même qu'on lui fait accomplir, soit porté sur les
fonts baptismaux, à l'église. Ce qui me semble étonnant
c'est plutôt que vous m'ayez contraint, moi, à dire ces
choses devant M. le curé, lequel ne peut pas ne pas
reconnaître qu'il y a bien plus de dévotion et de solennité
dans un baptême célébré en toute simplicité dans le seul
lieu qui soit digne de lui. N'est-ce pas?

LE CURÉ

Ah, certainement! Sans aucun doute...

BALDOVINO

Du reste, je ne suis pas seul juge. Puisqu'il s'agit de
l'enfant — qui avant tout appartient à la mère —
écoutons-là, elle aussi! *(Il presse par deux fois le bouton de
la sonnette électrique.)* Mais nous ne parlerons ni vous ni
moi; nous laisserons parler M. le curé...

SCÈNE VIII

LES MÊMES, LA FEMME DE CHAMBRE, AGATA

La femme de chambre entre par la porte de droite.

BALDOVINO

Priez Madame de vouloir bien venir ici un moment.

La femme de chambre s'incline et sort.

LE CURÉ

Eh bien... moi, à vrai dire... je préférerais que vous parliez vous-même, monsieur Baldovino... Vous parlez si bien...

BALDOVINO

Oh! non, non. Au contraire, tenez : je me retire. Vous exposerez mes arguments comme vous l'entendrez *(à Maddalena et à Fabio :)* et vous les vôtres. La mère décidera ainsi en pleine liberté. Et on fera comme elle aura décidé. — La voilà.

Agata entre par la porte de droite vêtue d'une élégante robe d'intérieur. Elle est pâle, raide. Fabio et le curé se lèvent. Baldovino est déjà debout.

AGATA

Oh! monsieur le curé...

LE CURÉ

Mes félicitations, madame.

FABIO, *s'inclinant.*

Madame...

BALDOVINO, *à Agata.*

C'est pour décider au sujet du baptême. *(Au curé :)* Mes respects, monsieur le curé.

LE CURÉ

Mes compliments, monsieur Baldovino.

Baldovino sort par la porte de gauche.

SCÈNE IX

LES MÊMES, *moins* BALDOVINO

AGATA

Mais n'avait-on pas décidé? Je ne sais pas...

MADDALENA

Mais si! Tout est prêt, à côté! Tout... et si joli!

FABIO

Mais il y a une nouvelle histoire!

LE CURÉ

M. Baldovino... en effet...

MADDALENA

ne veut plus que le baptême se fasse à la maison!

AGATA

Et pourquoi ne veut-il pas?

MADDALENA

Mais parce que, d'après lui...

LE CURÉ

Permettez-moi, madame... A parler exactement, il n'a pas dit qu'il ne voulait pas. Il veut que ce soit vous qui décidiez parce que l'enfant, a-t-il ajouté, appartient surtout à sa mère... De sorte que, si vous désirez, madame, que le baptême soit célébré à la maison...

MADDALENA

Mais oui! Comme c'était convenu!

LE CURÉ

En vérité, je n'y vois pour ma part rien de mal.

FABIO

Ça s'est déjà fait dans tant de maisons!

LE CURÉ

Et je l'ai fait remarquer, n'est-ce pas? Je l'ai même fait remarquer à M. Baldovino!

AGATA

Et alors? Que me reste-t-il à décider?

LE CURÉ

Eh bien, voici... M. Baldovino a fait observer — très pertinemment, il faut le reconnaître et avec un sentiment de respect tout à son honneur — que le baptême aurait à coup sûr plus de solennité si on le célébrait à l'église qui est son lieu le plus digne, ne fût-ce que pour ne pas offenser — oh! il a eu des mots vraiment très beaux! — « sans aucun privilège, a-t-il dit, qui offenserait l'acte même qu'on fait accomplir à l'enfant ». Il s'agit du principe! du principe!...

AGATA

Eh bien, si vous approuvez...

LE CURÉ

S'agissant du principe, madame, je ne peux pas ne pas approuver!

AGATA

Alors qu'on fasse comme il l'entend.

MADDALENA

Mais comment? Toi aussi tu approuves?

AGATA

Mais oui, j'approuve, maman!

LE CURÉ

Il s'agit du principe, je le répète, madame... mais par ailleurs...

FABIO

Il n'y aurait aucune offense à...

LE CURÉ

Oh, certes! aucune! Quelle offense y aurait-il?

FABIO

Il n'y a que le plaisir de gâter une fête!

LE CURÉ

Mais si madame elle-même décide ainsi...

AGATA

Oui, monsieur le curé, je décide ainsi.

LE CURÉ

Alors, c'est très bien; l'église est à deux pas; il suffit que vous me fassiez avertir. Mes compliments, madame. *(A Mme Maddalena :)* Madame...

MADDALENA

Je vous accompagne.

LE CURÉ

Ne vous dérangez pas, je vous en prie... monsieur le marquis...

FABIO

Mes respects.

LE CURÉ, *à Maddalena.*

Ne vous dérangez pas, madame.

MADDALENA

Mais non, mais non... Je vous en prie.

> *Mme Maddalena et le curé sortent par la porte du vestibule.*

SCÈNE X

AGATA, FABIO

> *Agata, très pâle, s'apprête à se retirer par la porte de droite. Fabio, frémissant, s'approche d'elle et lui parle à voix basse, avec agitation.*

FABIO

Agata, au nom du ciel, ne pousse pas ma patience à bout!

AGATA

Assez *(elle indique sobrement, de la tête plus que de la main, la porte à gauche)*, je t'en prie!

FABIO

Encore... encore comme il veut, lui?

AGATA

Si ce qu'il veut, une fois de plus, est juste...

FABIO

Tout, tout a été juste pour toi, tout ce qu'il a dit depuis le premier jour où on nous l'a fourré dans les pattes!

AGATA

Nous n'allons pas revenir maintenant sur ce qui a été établi à l'époque, avec notre accord!

FABIO

Mais c'est parce que je vois que c'est toi, maintenant, toi. Il t'a suffi, en somme, de vaincre l'horreur de la première impression! Tu y es parvenue en l'écoutant parler sans qu'il te voie. Et maintenant voilà où tu en es: tu peux t'en tenir tranquillement à ce qui a été établi alors et que je n'ai accepté, moi, que pour te calmer! C'est toi, maintenant, c'est toi! Puisqu'il sait, lui...

AGATA, *aussitôt, avec hauteur.*

Que sait-il?

FABIO

Tu vois? tu vois bien que tu tiens à lui! Tu tiens à ce qu'il sache qu'entre nous deux il n'y a plus rien eu depuis ce temps-là!

AGATA

Je tiens à moi!

FABIO

Non! A lui! A lui!

AGATA

C'est pour moi-même que je ne peux supporter qu'il s'imagine autre chose!

FABIO

Bien sûr, pour son estime, que tu désires! Comme s'il ne s'était pas prêté à ce marché entre nous!

AGATA

A mon avis, parler ainsi ne signifie rien d'autre que : la honte, si honte il y a, doit être autant la nôtre que la sienne. Tu voudrais qu'elle soit pour lui. Je ne la veux pas pour moi!

FABIO

Mais moi je veux ce qui m'appartient! Ce qui devrait encore être à moi. Agata, c'est toi que je veux, toi, toi, toi!

Il la saisit, frénétiquement, et voudrait la serrer contre lui.

AGATA, *résistant, sans rien concéder.*

Non... non... allons! laisse-moi passer! Je te l'ai dit : jamais, plus jamais, tant que tu n'auras pas réussi à le chasser...

FABIO, *sans la lâcher, avec une fougue croissante.*

Mais je le ferai aujourd'hui même! Je vais le chasser comme un voleur, aujourd'hui, pas plus tard qu'aujourd'hui!

AGATA, *stupéfaite, n'ayant plus la force de résister.*

Comme un voleur?

FABIO, *la serrant contre lui.*

Oui... oui... comme un voleur! Comme un voleur! Il est tombé dans le panneau! Il a volé!

AGATA

Tu en es sûr?

FABIO

Absolument! Il a déjà empoché plus de trois cent mille lires... Nous le chasserons aujourd'hui même! Et tu seras de nouveau à moi, à moi, à moi...

SCÈNE XI

LES MÊMES, BALDOVINO

La porte de gauche s'ouvre. Baldovino entre, coiffé d'un haut-de-forme. Découvrant le couple embrassé il s'arrête aussitôt, surpris.

BALDOVINO

Oh! Je vous demande pardon... *(Puis avec une sévérité qu'atténue un sourire subtilement ironique :)* Tout de même! C'est moi qui suis entré, c'est donc sans conséquence; mais, songez-y, le domestique pouvait venir... Fermez les portes, au moins, je vous en prie!

AGATA, *tremblant d'indignation.*

Il n'y avait aucun besoin de fermer les portes!

BALDOVINO

Je ne parle pas pour moi, madame. Je le dis à M. le marquis, pour vous!

AGATA

Je l'ai dit moi-même à M. le marquis qui d'ailleurs *(elle le regarde durement)* doit avoir une explication avec vous!

BALDOVINO

Avec moi? Volontiers. Et sur quel sujet?

AGATA, *avec mépris.*

Demandez-le à vous-même!

BALDOVINO

A moi? *(Il se tourne vers Fabio.)* De quoi s'agit-il?

AGATA, *à Fabio, impérieusement.*

Parlez!

FABIO

Non, pas maintenant...

AGATA

Je veux que vous le lui disiez maintenant, devant moi!

FABIO

Mais il faudrait attendre...

BALDOVINO, *aussitôt, sarcastique.*

Monsieur a peut-être besoin de témoins?

FABIO

Je n'ai besoin de personne! Vous avez empoché trois cent mille lires!

BALDOVINO, *très calme, souriant.*

Non, davantage, monsieur le marquis! Eh! beaucoup plus! ça se monte à cinq cent soixante-trois mille... attendez! *(Il sort un portefeuille de sa poche intérieure, en tire cinq fiches où figurent des colonnes de chiffres pour un relevé de compte, rédigé comme il se doit sur papier à en-tête. Il lit sur la dernière fiche la somme totale.)* Cinq cent soixante-trois mille sept cent vingt-huit lires et soixante centimes! Plus d'un demi petit million! Monsieur, vous m'estimez trop au-dessous de ma valeur!

FABIO

Ce chiffre ou un autre, peu m'importe. Vous pouvez garder l'argent, et vous en aller!

BALDOVINO

Vous êtes trop pressé, trop pressé, monsieur le marquis! Vous avez vos raisons d'être impatient, à ce qu'il semble. Mais justement pour cela, vous devez considérer que le cas est beaucoup plus grave que vous ne l'imaginez.

FABIO

Allons donc! Finissez-en désormais avec ces grands airs!

BALDOVINO

Des grands airs, non pas... *(Il se tourne vers Agata.)* Je vous prie, madame, de vous approcher et de bien vouloir m'écouter. *(Puis comme Agata s'est rapprochée, avec une froideur sourcilleuse :)* Si vous voulez vous donner le plaisir de m'appeler voleur, nous pouvons nous entendre aussi sur ce point. Et même il vaut mieux que nous nous mettions d'accord tout de suite. Mais veuillez cependant considérer que c'est injuste — et d'abord envers moi.

Vous voyez ceci? *(Il leur montre les fiches disposées en éventail.)* De ces tableaux récapitulatifs, vous le voyez, monsieur, il résulte que les cinq cent mille lires et plus figurent au titre d'épargne et de gains imprévus de votre société. Mais ça ne fait rien. On peut y remédier, madame! A les en croire *(il indique Fabio et fait aussi allusion à ses associés)*, j'aurais pu tout empocher en un tournemain si j'étais tombé dans le piège qu'ils m'ont fait tendre par un petit bonhomme contrefait qu'ils m'ont mis dans les pattes, ce sieur Marchetto Fongi qui est encore venu ce matin même... Oh *(à Fabio :)* je ne nie pas que le piège ait été tendu avec une certaine habileté! *(A Agata :)* Vous n'entendez rien à ces choses, madame; mais ils ont manigancé un compte d'ordre d'où devait résulter en ma faveur un excédent de bénéfice que j'aurais bien pu empocher tranquillement, croyant que personne ne s'en apercevrait. Mais eux, qui avaient manigancé ce compte, m'auraient pris aussitôt la main dans le sac si j'étais tombé dans leur piège en empochant l'argent. *(A Fabio :)* C'est bien ainsi, n'est-ce pas?

> AGATA, *regardant Fabio, qui ne répond pas,*
> *avec une indignation mal contenue.*

Vous avez fait ça?

> BALDOVINO, *aussitôt.*

Oh, madame, non! Il ne faut pas s'en indigner! Quand vous lui posez une pareille question, avec tant de hauteur, sachez que ce n'est pas lui, mais moi qui me sens défaillir. Car cela veut dire que la condition de cet homme est vraiment devenue intolérable. Et si la sienne est devenue intolérable, la mienne, en conséquence, le devient aussi.

> AGATA

Pourquoi, la vôtre?

BALDOVINO *lui adressera un regard d'une profonde intensité mais, très vite, il baissera les yeux, troublé, comme égaré.*

Mais parce que... si je deviens un homme devant vous, je... je ne pourrais plus... ah! madame... il m'arriverait la chose la plus triste qu'on puisse imaginer : ne plus pouvoir lever les yeux et soutenir le regard d'autrui... *(Il passe une main sur ses yeux, sur son front, cherchant à se ressaisir.)* Non! Allons, allons... Il s'agit de prendre au plus vite une résolution! *(Amer :)* J'ai pu penser que j'allais aujourd'hui m'offrir la satisfaction de traiter en gamins messieurs les administrateurs, ce Marchetto Fongi et vous aussi, monsieur le marquis, qui aviez nourri l'illusion qu'on pouvait attraper au collet quelqu'un comme moi! Mais maintenant je pense que si vous avez pu recourir à un tel moyen, m'accuser de vol pour vaincre sa résistance *(il montre Agata)*, sans même considérer que la honte de me chasser d'ici comme un voleur, devant cinq étrangers, retomberait sur le nouveau-né... eh bien, je pense que mon plaisir d'être honnête, en ce qui me concerne, doit être tout différent! *(Il tend à Fabio les fiches qu'il lui avait déjà montrées.)* Voilà, c'est à vous, monsieur le marquis.

FABIO

Et que voulez-vous que j'en fasse?

BALDOVINO

Déchirez-les : elles constituent la seule preuve en ma faveur! L'argent, lui, est dans la caisse jusqu'au dernier centime. *(Il le regarde droit dans les yeux, puis avec force et avec une dureté méprisante.)* Mais il faudra que vous le voliez!

FABIO, *détournant la tête*
comme s'il avait été cravaché en pleine figure.

Moi?

BALDOVINO

Vous, oui, vous!

FABIO

Vous êtes fou?

BALDOVINO

Voudriez-vous faire les choses à moitié, monsieur le marquis? Je vous ai pourtant démontré que si vous me vouliez honnête il devait forcément en découler ceci : que la mauvaise action c'est vous qui la commettriez! Volez cet argent; c'est moi qui passerai pour voleur et je m'en irai parce que, vraiment, je ne peux plus rester ici.

FABIO

Mais c'est de la folie!

BALDOVINO

Pas du tout! Je raisonne pour vous et pour tous. Je ne dis pas que vous devez m'envoyer au bagne. Vous ne le pourriez pas. Simplement, vous volerez l'argent à ma place.

FABIO, *l'affronte, frémissant.*

Mais que dites-vous?

BALDOVINO

Ne vous offensez pas; ce n'est qu'un mot, monsieur le marquis! Vous ferez très belle figure. Vous prélèverez pour peu de temps l'argent de la caisse, pour montrer que c'est moi qui l'ai volé. Puis vous le remettrez aussitôt, bien sûr, afin que vos associés n'aient à subir aucun dommage pour m'avoir fait confiance par égard pour vous. C'est parfaitement clair. Et c'est moi qui serai le voleur.

AGATA, *s'insurgeant.*

Non, non, ça non! *(Contre-scène des deux hommes. Alors, comme pour corriger, sans l'effacer, l'effet de sa protestation :)* Et l'enfant!

BALDOVINO

Mais c'est une nécessité, madame...

AGATA

Ah, non! Je ne peux pas, je ne veux pas l'admettre.

SCÈNE XII

LES MÊMES, LE DOMESTIQUE,
puis les quatre **ADMINISTRATEURS,**
MARCHETTO FONGI, MME MADDALENA, LA NOURRICE

LE DOMESTIQUE, *apparaissant à la porte du fond
et annonçant.*

Messieurs les administrateurs et M. Fongi.

Il se retire.

FABIO, *aussitôt, consterné.*

Renvoyons cette discussion à demain!

BALDOVINO, *sans hésiter, sûr de lui, le mettant au défi.*

Je suis décidé et prêt dès maintenant.

AGATA

Et moi je vous dis que je ne veux pas, vous comprenez? Je ne veux pas!

BALDOVINO, *tout à fait résolu.*

Mais plus que jamais, et pour cette raison, madame...

MARCHETTO FONGI,
entrant en compagnie des quatre administrateurs.

On peut entrer?

En même temps, par la porte de droite entrent
Mᵐᵉ Maddalena, son chapeau sur la tête, et la
nourrice, en grand gala, tout enrubannée, portant sur
ses bras, dans un porte-bébé luxueux, le nouveau-né,
que protège un voile bleu pâle. Tous l'entourent.
Exclamations, félicitations, compliments improvisés
par les acteurs, tandis que Mᵐᵉ Maddalena soulève
avec précaution le voile pour montrer l'enfant.

RIDEAU

ACTE III

Le bureau de Baldovino. Riche ameublement, d'une sobre élégance. Sortie au fond. Porte latérale à droite.

SCÈNE I

BALDOVINO, MME MADDALENA

Baldovino, vêtu comme au premier acte, est assis, sombre et farouche, les coudes sur les genoux et la tête entre les mains, le regard vers le sol. Mme Maddalena lui parle anxieusement, de près.

MADDALENA

Mais vous devriez comprendre que vous n'en avez pas le droit! Il ne s'agit plus de vous, ni du marquis; ni même d'elle; mais de l'enfant... de l'enfant!

BALDOVINO *lève la tête et la regarde d'un air féroce.*

Et pourquoi devrais-je m'en soucier, moi, de l'enfant?

MADDALENA, *atterrée, mais se reprenant.*

Eh, oui! c'est vrai. Mais rappelez-vous ce que vous disiez vous-même, et justement à propos de l'enfant, du dommage qui en résulterait pour lui! De saintes paroles, qui se sont gravées dans le cœur de ma fille et qui, maintenant, vous devriez le comprendre, le lui font saigner, à elle qui n'est plus qu'une mère, seulement une mère!

BALDOVINO

Moi, maintenant, je ne veux plus rien entendre, madame!

MADDALENA

Mais ce n'est pas vrai! Puisque vous l'avez fait remarquer vous-même, hier, au marquis!

BALDOVINO

Quoi?

MADDALENA

Qu'il ne devrait pas faire ça, à cause de l'enfant!

BALDOVINO

Moi?... Mais non, madame. Je me moque bien que le marquis l'ait fait. Je savais bien qu'il le ferait. (*Il la regarde avec plus d'agacement que de mépris.*) Et d'ailleurs vous le saviez vous aussi, madame!

MADDALENA

Moi? Mais non, je vous le jure!

BALDOVINO

Comment ça, non? Alors pourquoi aurait-il monté cette société anonyme?

MADDALENA

Pourquoi?... Je suppose pour... pour vous occuper...

BALDOVINO

Bien sûr! et pour m'éloigner de la maison! Oui, sans
doute, au début ce fut la seule raison; parce qu'il espérait
disposer ici d'une plus grande liberté, pendant que je
serais occupé ailleurs, et que votre fille, alors...

MADDALENA, *l'interrompant aussitôt.*

Non, non, pas Agata! Lui, oui : il l'a sans doute fait
pour ça. Mais je peux vous assurer qu'Agata...

BALDOVINO, *levant les bras et éclatant.*

Ah! bon Dieu! mais vous êtes donc aveugle à ce point
vous aussi? Vous osez me donner de pareilles assurances,
vous... à moi?

MADDALENA

C'est la vérité!

BALDOVINO

Et elle ne vous fait pas peur? *(Un temps.)* Vous ne
comprenez pas que ça signifie que je dois m'en aller, et
que vous, au lieu de venir me trouver ici, vous devriez
rester près de votre fille, pour la persuader qu'il vaut
mieux que je m'en aille?

MADDALENA

Mais comment, mon Dieu, comment? Tout est là!

BALDOVINO

Peu importe comment! Ce qui importe c'est que je m'en
aille!

MADDALENA

Non, non! Elle vous en empêchera!

BALDOVINO

De grâce, madame, ne me faites pas perdre la tête à mon tour! Ne m'ôtez pas la seule force qui me reste : celle de voir les conséquences de ce que les autres font aveuglément! Aveuglément, notez bien, non par absence d'intelligence mais parce que lorsque quelqu'un vit, il vit et ne se voit pas vivre. Si j'y vois, moi, c'est parce que je suis entré ici pour ne pas vivre. Vous voulez me faire vivre par force? Prenez garde que si la vie me reprend et m'aveugle à mon tour... *(Il s'interrompt, contenant à grand-peine l'irruption de son humanité, ce qui, lorsqu'il menace, lui donne chaque fois un air presque féroce; il reprend enfin, calme, presque glacial :)* Voyons... Essayez de comprendre... Ce que j'ai voulu, moi, c'est simplement faire voir à M. le marquis la conséquence de ce qu'il a fait. Il voulait faire passer pour voleur un honnête homme (pas moi, honnête, vous comprenez? mais cet homme qu'il a voulu honnête, ici, et que j'ai accepté de représenter pour lui montrer à quel point il était aveugle), eh bien, puisqu'il voulait le faire passer pour un voleur il fallait que, cet argent, ce soit lui qui le vole.

MADDALENA

Mais pourquoi voulez-vous qu'il le vole, lui?

BALDOVINO

Pour me faire passer, moi, pour un voleur.

MADDALENA

Mais il ne peut pas! Il ne doit pas!

BALDOVINO

Il le volera, c'est moi qui vous le dis! Il fera semblant de le voler. Sinon je devrai, moi, le voler pour de bon! Vous voulez vraiment m'obliger à le voler?

SCÈNE II

LES MÊMES, MAURIZIO

Maurizio entre consterné par la porte de droite. A peine Baldovino le voit-il qu'il part d'un grand éclat de rire.

BALDOVINO

Ha! ha! ha! ha! Tu viens toi aussi me supplier « de ne pas commettre cette folie »?

MADDALENA, *aussitôt, à Maurizio.*

Oui, oui, je vous en supplie, Setti, persuadez-le, vous!

MAURIZIO

Soyez tranquille. Il ne la commettra pas! Parce qu'il sait bien que c'est une folie. Pas une folie de sa part mais de la part de Fabio.

BALDOVINO

C'est lui qui t'a poussé à venir au plus vite arranger les choses?

MAURIZIO

Mais non! Je suis ici parce que tu m'as écrit toi-même de venir.

BALDOVINO

Ah! c'est vrai... Et tu m'apportes vraiment les cent lires
que je t'ai demandé de me prêter?

MAURIZIO

Je ne t'ai rien apporté du tout!

BALDOVINO

Parce que tu as compris, esprit subtil, que tout ça n'était
qu'une comédie? Bravo, bravo! (*Il saisit sa veste des deux
mains.*) Tu vois pourtant que je me trouve en tenue de
départ — comme je te disais dans ma lettre — habillé
comme à mon arrivée! A un honnête homme ainsi vêtu,
n'est-ce pas, il ne manque plus vraiment que les cent lires
qu'il a demandé de lui prêter au traditionnel ami
d'enfance, pour s'en aller décemment. (*D'un élan imprévu,
il s'approche de lui et lui pose une main sur chaque bras.*)
Attention! J'y tiens beaucoup, moi, à cette comédie!

MAURIZIO, *tout étourdi.*

Mais que diable racontes-tu?

BALDOVINO, *se retournant vers Mme Maddalena
et riant de nouveau.*

Cette pauvre dame nous regarde avec des yeux!
(*Aimable, mais ambigu :*) Je vais vous expliquer, madame... Donc, l'erreur du marquis (erreur très excusa-
ble, notez bien, et digne à mes yeux de la plus grande
compassion) a consisté tout simplement à croire que je
pouvais vraiment tomber dans un piège. Cette erreur n'est
pas irréparable! M. le marquis finira par se convaincre que
si je suis entré dans cette maison pour y jouer une comédie
à laquelle j'ai pris goût, celle-ci doit aller jusqu'à son
dénouement — le vol, eh oui! — mais pas pour de bon,
vous comprenez? C'est-à-dire en empochant vraiment ces

trois cent mille lires, comme il croyait que je l'avais fait (il
y en a plus de cinq cents !). Et je fais tout gratis, même le
drame, nécessaire, de ce vol, en paiement du plaisir que je
me suis offert. Et ne craignez pas surtout que je mette
jamais à exécution la menace que je n'avais agitée que
pour tenir le marquis en respect : de reprendre l'enfant
d'ici à trois ou quatre ans... Des histoires ! Que voulez-
vous que j'en fasse, moi, de cet enfant ? Mais peut-être
avez-vous peur d'un chantage ?

MAURIZIO

Ça suffit, voyons ! Personne ici ne peut penser à ça !

BALDOVINO

Et si, par hasard, j'y avais pensé, moi ?

MAURIZIO

Je te le répète, ça suffit !

BALDOVINO

Pas au chantage, non... mais à pousser la fiction jusqu'à
éprouver cette exquise jouissance : vous voir là, tous, vous
évertuant à me conjurer de ne pas accepter le rôle du
voleur en prenant une somme d'argent qu'avec tant
d'astuce, pourtant, vous vouliez me faire prendre !

MAURIZIO

Mais puisque tu ne l'as pas prise !

BALDOVINO

Parbleu ! Parce que je veux qu'il la prenne, lui, de ses
mains ! *(Voyant apparaître Fabio bouleversé, haletant, très
pâle, sur le seuil de la porte, à droite :)* Et il la prendra,
c'est moi qui vous le dis !

SCÈNE III

LES MÊMES, FABIO

FABIO, *très pâle,*
s'approche anxieusement de Baldovino.

Je prendrai l'argent?... Mais alors... — Oh, mon Dieu!
vous avez laissé... vous avez laissé les clefs de la caisse en
d'autres mains?

BALDOVINO

Non, monsieur. Pourquoi?

FABIO

Mon Dieu... Mon Dieu... Mais alors? Quelqu'un aurait-
il appris... à travers quelque confidence de Fongi...?

MAURIZIO

L'argent manque à la caisse?

MADDALENA

Mon Dieu!

BALDOVINO

Mais non, tranquillisez-vous, monsieur. *(D'une main il
tapote sur sa veste pour indiquer la poche intérieure.)* Je l'ai
ici.

FABIO

Ah! C'est vous qui l'avez pris?

BALDOVINO

Je vous ai prévenu qu'avec moi on ne fait rien à moitié.

FABIO

Mais, enfin, où voulez-vous en venir?

BALDOVINO

Ne craignez rien. Je savais qu'un gentilhomme comme vous répugnerait à soustraire cet argent, même pour faire semblant, même pour un instant, et je suis allé le prendre moi-même, hier au soir.

FABIO

Ah oui? Et dans quel but?

BALDOVINO

Mais pour vous permettre, monsieur le marquis, d'accomplir un geste magnifique en le restituant.

FABIO

Vous persistez dans cette folie?

BALDOVINO

Vous voyez que je l'ai pris réellement. Et maintenant si vous ne faites pas ce que je vous dis, ce qui doit rester encore une comédie va devenir pour de bon ce que vous désiriez.

FABIO

Je le désirais... Mais comprenez donc que je ne le désire plus maintenant!

BALDOVINO

Mais maintenant c'est moi, monsieur, qui le désire.

FABIO

Quoi?

BALDOVINO

Exactement ce que vous désiriez. N'avez-vous pas dit, hier, quand nous étions dans le salon, à madame... *(il fait allusion à Agata)*, que j'avais l'argent dans ma poche? Eh bien, il est dans ma poche!

FABIO

Ah, mais vous ne m'y mettrez pas, moi, dans votre poche!

BALDOVINO

Vous aussi, vous aussi, monsieur le marquis! Je vais à l'instant à la réunion du conseil. Je dois y faire mon rapport d'activité. Vous ne pouvez vous y opposer. Je tairai bien entendu cet excédent que M. Marchetto Fongi a si bien mijoté à mon intention et je lui donnerai la satisfaction de me prendre en faute. Ah, soyez assuré que je saurai simuler à merveille la confusion du voleur pris la main dans le sac. Après quoi nous viendrons ici même régler nos affaires.

FABIO

Vous ne le ferez pas!

BALDOVINO

Mais si, je le ferai, monsieur le marquis.

MAURIZIO

Mais on ne peut pas se faire passer volontairement pour un voleur quand on ne l'est pas!

BALDOVINO, *fermement, menaçant.*

Je vous ai prévenu : je suis prêt à voler pour de bon si vous vous obstinez à m'en empêcher!

FABIO

Mais pourquoi, au nom du ciel, pourquoi? si, moi-même, je vous demande de rester?

BALDOVINO, *sombre, avec lenteur et gravité,*
se tournant pour le regarder.

Et comment voudriez-vous que je reste ici, désormais, monsieur le marquis?

FABIO

Je vous dis que je me repens... que je me repens sincèrement...

BALDOVINO

De quoi?

FABIO

De ce que j'ai fait!

BALDOVINO

Mais ce n'est pas de ce que vous avez fait que vous devez vous repentir, cher monsieur, car c'était bien naturel, mais de ce que vous n'avez pas fait!

FABIO

Et qu'aurais-je dû faire?

BALDOVINO

Comment? Mais vous deviez venir tout droit vers moi, après quelques mois, me dire que si je respectais nos conventions — ce qui ne me coûtait rien — et si vous

vouliez les respecter aussi — comme c'était naturel — il y
avait ici quelqu'un, au-dessus de vous et de moi, dont la
dignité, la noblesse d'âme, devait — comme je vous l'avais
prédit — empêcher qu'elle s'y conforme. Alors je vous
aurais à l'instant même démontré l'absurdité de votre
prétention : vouloir faire entrer ici, pour y jouer un tel
rôle, un honnête homme!

FABIO

Oui, oui, vous avez raison! C'est vrai, je lui en ai voulu
(il indique Maurizio) de m'avoir amené un homme comme
vous!

BALDOVINO

Mais non, il a très bien fait, croyez-moi, de me choisir,
moi. C'est un honnête homme médiocre que vous vouliez
ici, n'est-ce pas? Comme s'il était possible qu'un médiocre
accepte une telle position sans être un gredin! Moi seul
pouvais l'accepter, moi qui — comme vous voyez —
n'éprouve aucun scrupule à passer pour voleur!

MAURIZIO

Mais enfin, pourquoi?

FABIO, *en même temps.*

Comment ça? par plaisir?

MAURIZIO

Qui t'y oblige? Personne ne veut cela!

MADDALENA

Personne! Nous sommes tous là à vous supplier!

BALDOVINO, *à Maurizio.*

Toi, par amitié... *(A Mme Maddalena :)* Vous, pour
l'enfant... *(A Fabio :)* Et vous, pour quel motif?

FABIO

Mais pour celui-là aussi.

BALDOVINO, *le regardant de près,*
les yeux dans les yeux.

Et pour quel autre encore? *(Fabio ne répond pas.)* Je
vais vous le dire, moi, pour quel autre : parce que vous
venez enfin de voir le résultat de ce que vous avez fait. *(A
Maddalena :)* La réputation de l'enfant, chère madame?...
mais c'est une illusion! Il sait bien, lui *(il indique
Maurizio)*, que mon passé, hélas... Bien sûr, depuis qu'elle
est née, comme à l'aube d'un jour nouveau, ma vie
exemplaire a pu faire oublier, qui sait, tant de choses
tristes... nocturnes... de mon ancienne vie. Mais lui *(il
indique Fabio)* doit penser maintenant à bien autre chose
qu'à l'enfant, eh, oui, madame! *(S'adressant aussi aux
autres :)* Vous ne voulez pas tenir compte de moi? Vous
croyez que je pourrais, éternellement, vous tenir la
chandelle dans cette maison, et n'être rien d'autre, jamais?
Mais enfin j'ai moi aussi ma pauvre chair qui crie! Moi
aussi j'ai du sang dans mes veines! Un sang noir, amer de
tout le poison des souvenirs... et j'ai peur qu'il s'embrase!
Hier, à côté, quand ce monsieur *(il indique Fabio)* m'a jeté
à la face, devant votre noble fille, un prétendu vol, je suis
tombé, plus aveugle que lui, plus aveugle que tous, dans
un autre piège, autrement redoutable, que ma chair me
tendait, en secret, depuis dix mois que je vis ici, près
d'elle, presque sans oser la regarder. Ma chair s'est servie
de votre traquenard puéril, monsieur le marquis, pour me
faire entrevoir cet abîme. J'aurais dû me taire, comprenez-

vous, avaler votre injure devant elle, passer pour voleur,
oui, devant elle, puis, en tête à tête, vous dire, vous
démontrer que ce n'était pas vrai; vous forcer à l'insu des
autres à jouer votre rôle, comme moi le mien, jusqu'au
bout, en parfait accord. Je n'ai pas pu me taire : ma chair
a crié. Vous... elle... toi... Vous auriez encore le courage
de me retenir? Je prétends, moi, que pour châtier comme
elle le mérite cette chair qui ne veut pas mourir, je vais
sans doute être obligé de voler pour de bon!

> *Tous restent muets à le regarder, effrayés. Une
> pause. Par la porte de droite entre Agata, pâle et
> décidée. Elle fait quelques pas et s'arrête. Baldovino la
> regarde. Digne et grave, il voudrait se faire violence
> pour lui résister. On lit dans ses yeux quelque chose qui
> ressemble à l'égarement provoqué par la peur.*

SCÈNE IV

LES MÊMES, AGATA

AGATA, *à sa mère, à Fabio, à Maurizio.*

Laissez-moi lui parler, seule.

BALDOVINO, *balbutiant presque, les yeux baissés.*

Non... non, madame... Voyez, je...

AGATA

J'ai à vous parler.

BALDOVINO

C'est... c'est inutile, madame... Je leur ai dit... tout ce
que j'avais à dire...

AGATA

Et vous entendrez maintenant ce que, moi, j'ai à vous dire.

BALDOVINO

Non, non! Je vous en prie... C'est inutile, je vous assure... Assez... assez...

AGATA

Je le veux. *(Aux autres :)* Je vous en prie, laissez-nous seuls.

> *Mme Maddalena, Fabio, Maurizio sortent par la porte de droite.*

SCÈNE V

AGATA, BALDOVINO

AGATA

Je ne viens pas vous dire de ne pas partir. Je viens vous dire que je partirai avec vous.

BALDOVINO *a, de nouveau, un moment d'égarement :
il se soutient à peine, puis dit tout bas.*

Je comprends. Vous ne voulez pas me parler de l'enfant. Une femme comme vous ne réclame pas de sacrifice : elle les fait.

AGATA

Mais ce n'est pas du tout un sacrifice. C'est ce que je dois faire.

BALDOVINO

Non, non, madame : vous ne devez pas agir ainsi, ni pour lui, ni pour vous! Et il m'appartient de vous en empêcher. A n'importe quel prix!

AGATA

Vous ne le pouvez pas. Je suis votre femme. Vous voulez nous quitter? C'est juste. Je vous approuve et je vous suis.

BALDOVINO

Où? Mais voyons, que dites-vous? Ayez pitié de vous, de moi... Ne m'obligez pas à le dire... Comprenez-le de vous-même, parce que moi... parce que moi... devant vous je ne sais pas... je ne sais plus parler...

AGATA

Il n'y a plus besoin de mots. Ce que vous avez dit m'a suffi, dès le premier jour. J'aurais dû entrer tout de suite et vous tendre la main.

BALDOVINO

Ah, si vous l'aviez fait, madame! Je vous jure que je l'ai espéré... que j'ai espéré un moment que vous le feriez... Je veux dire que vous entreriez... et non pas que j'aurais pu toucher votre main. Et tout aurait fini aussitôt!

AGATA

Vous auriez renoncé?

BALDOVINO

Non, j'aurais eu honte, madame .. devant vous, comme j'ai honte en ce moment.

AGATA

Et de quoi? D'avoir parlé honnêtement?

BALDOVINO

Facile, madame! Bien facile, l'honnêteté, tant qu'il ne s'agissait que de sauver des apparences, vous comprenez? Si vous étiez entrée pour dire qu'il vous était impossible de persister dans cette tromperie, je n'aurais pas pu rester ici une minute de plus... Comme il m'est impossible de rester, à présent.

AGATA

Mais alors, vous avez pensé...?

BALDOVINO

Non, madame. J'ai attendu. Je ne vous ai pas vue entrer... Mais j'ai parlé justement pour lui démontrer, à lui, qu'il était impossible de prétendre que je sois honnête — non pas pour moi, pour vous autres! Vous devez comprendre que désormais, puisque vous avez vous-même changé les conditions, l'honnêteté devient impossible pour moi aussi. Non pas que l'envie m'en manque, ou la volonté... mais à cause de ce que je suis, madame... à cause de tout ce que j'ai fait. Tenez, rien que ce rôle que j'ai accepté de jouer...

AGATA

Mais c'est nous qui l'avons voulu, ce rôle!

BALDOVINO

Oui, mais je l'ai accepté!

AGATA

Mais en déclarant d'avance quelles en seraient les

conséquences, afin que, lui, ne les accepte pas! Eh bien,
moi, je les ai acceptées!

BALDOVINO

Et vous n'auriez pas dû, vous n'auriez pas dû, madame!
Car, et c'est là votre erreur : ce n'est jamais moi qui ai
parlé ici, mais un masque grotesque! Et pourquoi? Vous
étiez là, tous les trois, la pauvre humanité qui souffre dans
les joies et jouit dans les tourments de l'existence! Une
pauvre mère, si faible, avait eu pourtant le courage de
permettre que sa fille aime au mépris des lois! Et vous,
éprise d'un brave homme, vous avez pu oublier que cet
homme était malheureusement enchaîné à une autre
femme! Vous y avez vu des fautes? Aussitôt vous avez
couru au plus pressé, en m'appelant ici... Et je suis venu
vous tenir un langage asphyxiant, celui d'une honnêteté
factice et contre nature contre laquelle vous aviez eu le
courage de vous révolter! Je savais bien qu'à la longue ces
deux autres n'auraient plus pu en accepter les conséquences. Leur humanité devait se rebeller! J'ai perçu tous
les soupirs de votre mère et ceux de M. le marquis. Et je
me suis bien amusé, croyez-moi, à le voir ourdir cette
dernière machination contre la plus grave des conséquences que pourtant je lui avais prédites! Le vrai danger
était pour vous, madame : c'était que vous acceptiez ces
conséquences jusqu'au bout! Et vous les avez acceptées,
en effet, et vous avez pu les accepter, vous, parce que,
malheureusement, la mère en vous devait, forcément, tuer
l'amante. Voilà, vous n'êtes plus qu'une mère. Mais moi je
ne suis pas le père de votre enfant, madame! Comprenez-
vous bien ce que cela signifie?

AGATA

Ah, c'est pour l'enfant? parce qu'il n'est pas de vous?

BALDOVINO

Mais non! Que dites-vous là? Comprenez-moi bien! Le
seul fait que vous voudriez me suivre fait vôtre cet enfant,
seulement vôtre — et donc plus sacré pour moi que s'il
était vraiment le mien — gage de votre sacrifice et de votre
estime!

AGATA

Et alors?

BALDOVINO

J'ai parlé comme je l'ai fait pour vous rappeler à ma
réalité, madame, parce que vous ne voyez que votre
enfant! Vous parlez encore à un masque, celui du père!

AGATA

Mais pas du tout! C'est à vous que je parle, à l'homme
que vous êtes!

BALDOVINO

Et que savez-vous de moi? Qui suis-je?

AGATA

Mais voilà qui vous êtes. Cela. *(Et comme Baldovino,
presque anéanti, baisse la tête :)* Vous pouvez lever les
yeux, puisque je peux, moi, vous regarder; ou alors nous
devrions tous ici baisser les yeux devant vous, pour cette
seule raison que vous, du moins, vous avez honte de vos
fautes.

BALDOVINO

Je n'aurais jamais cru que le sort me réservait d'entendre de telles paroles!... *(Il s'arrache violemment à une
sorte d'enchantement.)* Non, non, madame, voyons! Croyez

bien que j'en suis indigne! Vous savez que j'ai là plus de
cinq cent mille lires?

AGATA

Vous les restituerez et nous partirons.

BALDOVINO

Jamais, il faudrait être fou! Je ne les restituerai pas,
madame! Je ne les res-ti-tue-rai pas!

AGATA

Et alors moi et l'enfant nous vous suivrons, même sur ce
chemin-là...

BALDOVINO

Vous me suivriez... même si j'étais un voleur?

> *Il tombe assis, brisé. Il a une violente crise de larmes
> et cache son visage dans ses mains.*

> ### AGATA, *le regarde un moment,*
> *puis va vers la porte de droite et appelle.*

Maman!

SCÈNE VI

LES MÊMES, MME MADDALENA

> *En entrant, M*^{me} *Maddalena aperçoit Baldovino
> qui pleure, et reste pétrifiée.*

AGATA

Tu peux dire à ces messieurs qu'ils n'ont plus rien à
faire ici.

BALDOVINO, *se levant aussitôt.*

Non, attends... l'argent! *(Il tire de sa poche un gros portefeuille.)* Pas elle! moi! *(Il cherche à retenir ses larmes, à se reprendre. Il ne trouve pas son mouchoir. Agata, très vite, lui passe le sien. Il comprend le sens de ce geste qui, à l'occasion de ces larmes, les réunit pour la première fois. Il baise ce mouchoir puis le porte à ses yeux, en tendant la main à Agata. Avec un soupir de joie émue il retrouve la maîtrise de lui-même et dit :)* Je sais bien maintenant comment je dois leur parler!

RIDEAU